LES ÉDITIONS DES INTOUCHABLES
512, boul. Saint-Joseph Est, app. 1
Montréal (Québec)
H2J 1J9
Téléphone : 514 526-0770
Télécopieur : 514 529-7780
www.lesintouchables.com

DISTRIBUTION : PROLOGUE
1650, boul. Lionel-Bertrand
Boisbriand (Québec)
J7H 1N7
Téléphone : 450 434-0306
Télécopieur : 450 434-2627

Impression : Transcontinental
D'après l'idée de Marc Britan
Mise en page : Virginie Goussu
Illustration de la couverture : Géraldine Charette
Révision : Élyse-Andrée Héroux, Patricia Juste Amédée
Correction : Élaine Parisien

Les Éditions des Intouchables bénéficient du soutien financier du gouvernement du Québec — Programme de crédit d'impôt pour l'édition de livres — Gestion SODEC et sont inscrites au Programme de subvention globale du Conseil des Arts du Canada.

Nous reconnaissons l'aide financière du gouvernement du Canada par l'entremise du Fonds du livre du Canada (FLC) pour nos activités d'édition.

Société de développement des entreprises culturelles Québec

Conseil des Arts du Canada / Canada Council for the Arts

Dépôt légal : 2012
Bibliothèque et Archives nationales du Québec
Bibliothèque nationale du Canada

ISBN : 978-2-89549-542-0

À StarAcAdo !

Jade Bérubé

Dans la même série

Nikki Pop, Le rêve d'Émily, roman, 2011.
Nikki Pop, Le premier contrat, roman, 2011.
Nikki Pop, À l'aventure !, roman, 2011.
Nikki Pop, Les auditions, roman, 2012.

Chez d'autres éditeurs

Komsomolets, Montréal, Marchand de feuilles, 2004.
Le rire des poissons, Montréal, Marchand de feuilles, 2008.

Jade Bérubé

D'après l'idée de Marc Britan

Nikki Pop

5. À StarAcAdo !

LES INTOUCHABLES

Pour Clarisse,
et pour tous les passionnés de musique

Regarde-moi dans les yeux,
Ce qui reste de moi,
Si peu.

— Géraldine, *Tendances*

1.

— Tu pourrais lui acheter un accessoire d'escrime à la place, propose Emma.

— Quoi, par exemple ? Un fleuret ? Une moustiquaire ? Poche.

— Je sais pas, moi, des lacets spéciaux pour les souliers ?

— Emma ! Franchement ! Des lacets pour Noël ? !

Émily, Emma et Elton sont devant le comptoir de montres depuis de longues minutes. Dans les haut-parleurs du centre commercial résonne une chanson de Noël ridicule où il est question de bonheur, de joie, d'amour et de cadeaux.

— Je déteste Noël, ajoute Émily en dirigeant de nouveau son regard vers les montres Dolce & Gabana.

— C'est cool, une montre, je trouve. C'est vraiment un beau cadeau, dit Elton en souriant.

Moi, à la place de William, je serais vraiment content !

Émily aperçoit du coin de l'œil le visage d'Emma qui se décompose en l'espace d'une microseconde, comme les pixels de son iPad le jour où elle l'a échappé dans le bain. Elle relaxait dans l'eau chaude en regardant l'extraordinaire épisode de *Glee* où Quinn a un accident de voiture. Sous ses yeux, le visage de Dianna Agron s'était désintégré dans l'eau avant que l'écran ne devienne tout noir.

« Oh, mon Dieu ! »

Pour Noël, Emma a acheté à Elton… un porte-clés de Tintin.

— Il tripe sur Tintin, il a vu le film trois fois ! avait-elle dit devant les porte-clés une semaine auparavant. Et il connaît presque tous les albums par cœur !

— Un porte-clés ?

— Il a gagné plein de fois au jeu de Tintinologie ! s'était justifiée Emma.

— OK, Emma, c'est beau. C'est une bonne idée, s'était résignée Émily devant l'air buté de son amie.

— C'est une MUSTI EXCELLENTE idée.

Mais aujourd'hui, 20 décembre, au milieu d'un magasin bondé, les pixels mouillés formant Emma jettent un regard effaré à Émily pendant qu'Elton fixe les montres avec beaucoup d'intérêt.

— Regardez, on voit le mécanisme entre les aiguilles de celle-ci, dit-il en collant presque son nez sur la vitre.

— Heu... tu aimes les montres, toi ? demande Emma en feignant l'indifférence, le visage cramoisi.

— Moi ? Non. Ça me gratte les poignets, répond Elton, toujours penché sur le comptoir.

— AAAH ! C'est vrai que ça musti gratte, dit Emma en sautillant comme si un jeu de marelle imaginaire était apparu sur le plancher de la bijouterie. Gratte gratte gratte les poigneeeets, chantonne-t-elle. Toi, ça te gratte les poignets, Ém, les montres ?

« ÉM ? ? ?

« Elle m'a vraiment appelée ÉM... ?

« "M" ?

« Pourquoi pas M & M tant qu'à faire ? !

« Top laid. »

— Je peux faire quelque chose pour vous ? demande pour la huitième fois le bijoutier avec un sous-entendu sans équivoque.

Le genre de sous-entendu qui veut dire : « Allez-vous-en, bande de petits voyous. »

— Je sais pas laquelle prendre, répond Émily, l'air de plus en plus dépité. J'aime bien cette D&G, mais...

— Allez voir les montres dans des boutiques pour les gens de votre âge, répond le bijoutier d'un ton sec. Ce n'est pas une place pour vous ici.

— Pardon ?

— Il y a des montres là-bas, insiste-t-il en pointant du doigt un vendeur itinérant à côté de l'entrée d'une autre boutique.

— Vous êtes fou ? Je suis pas pour acheter une montre là ! Une montre Mickey Mouse, tant qu'à y être ?

— Penses-tu que ça existe, une montre Tintin ? l'interroge Elton.

— Je sais PAS ! réplique Émily, exaspérée. C'est une Dolce & Gabana que je veux !

— Émily, calme-toi..., souffle son amie pendant que le bijoutier hausse les sourcils.

— C'est vrai, Emma ! Je suis invitée chez ses parents ! C'est top inquiétant. Je veux pas acheter quelque chose qu'il va trouver laid. Ou que ses parents vont trouver laid !

— C'est quoi, le lien des parents ? demande Emma.

— Ben... ses parents vont être là quand il va déballer mon cadeau ! Ils vont le regarder déballer son cadeau DEVANT moi ! Top gênant. Oh, je capote. Je capote.

— J'avoue, lâche Elton.

— Ben là ! fait Emma en lui jetant un regard courroucé.

— Je suis pas pour faire semblant ! se défend-il en levant les mains en l'air. C'est vrai que ça va être gênant pour elle.

— Tu vois ? lance Émily d'une petite voix.

— Ben voyons, grogne Emma en fronçant les sourcils à l'intention d'Elton.

— Je vais vous demander d'aller discuter ailleurs, s'il vous plaît, les exhorte le bijoutier d'une voix encore moins cordiale qu'à leur arrivée, c'est-à-dire carrément bourrue.

— Vous êtes vieux, vous, lui dit Émily d'un ton suppliant. Vous avez un ado ? Quelle montre, vous pensez, plairait aux parents d'un ado ?

— C'est à William que tu achètes une montre. Pas à ses parents ! répond Emma en tentant de calmer les esprits de tout le monde.

— Je vous demande pardon, mais je vous ordonne de sortir, sinon j'appelle la sécurité ! tonne maintenant le bijoutier, vexé.

— Nous avons ce qu'il faut pour payer, si c'est ça qui vous inquiète, tempère Emma en souriant pour l'amadouer. Mon amie est très riche.

— Ça m'étonnerait, mademoiselle, riposte-t-il, piqué au vif. Les prix des montres sont exorbitants ici.

Émily dépose bruyamment la carte de crédit Seven Royal de sa mère sur le comptoir. Pendant quelques secondes, on n'entend plus rien. Puis Émily perçoit le bruit liquide de la salive qui coule dans le pharynx du bijoutier. Celui-ci choisit finalement de s'éloigner à petits pas.

— Wow ! C'était quoi, cette carte ? demande Elton en riant. Un repousse-problème ? Me la passerais-tu lundi prochain pour le cours de gym ? Y a le grand Kevin Chauveau qui arrête pas de m'agacer.

Emma s'esclaffe exagérément.

— J'aurais jamais dû dire oui, poursuit Émily comme si rien ne s'était passé. C'est quoi, l'idée de m'inviter pour Noël, aussi ?

— Il veut te présenter à ses parents. Moi, je trouve ça super romantique ! dit Emma.

— Heu… tu trouves ? fait Elton avec, soudainement, un brin d'inquiétude dans la voix.

— OUI ! Heu… non, c'est pas… heu… Je veux dire… c'est romantique selon les standards d'Émily ! Elle aime les choses romantiques. Pas moi. Ben un peu. Mais pas le même genre de romantisme. Je veux dire que c'est romantique pour elle. C'est romantique pour toi, hein ? balbutie-t-elle en fixant Émily d'un regard intense.

— Ça l'était au début ! Mais là, je commence à être top stressée. Comment je vais m'habiller, d'abord ? Tout à coup j'arrive habillée trop chic ? Ou pas assez ? Tout à coup ses parents aiment pas le chocolat alors que je viens d'acheter une tonne de truffes ?

— Ça se peut pas, de pas aimer les truffes.

— Sérieux, les truffes, c'est super, ajoute Elton.

— Je déteste les truffes ! lâche Émily en se mettant à pleurer.

— Oh, Émily, compatit Emma en lui entourant les épaules. Ça va bien se passer. Will est tellement content que tu ailles chez lui pour Noël. Il est fou de joie.

— Ben, il se trompe ! Ça va être le pire Noël de mon existence. Avec ou sans truffes.

— J'avoue, intervient Elton.

— Elton, irais-tu faire un tour juste une minute ? Tu gênes, là, lance Emma en lui faisant signe d'aller un peu plus loin.

— Je vais être au comptoir des gaufres en bas, répond-il en leur souriant.

— On t'y rejoint, fait Emma avant de reporter son attention sur son amie. Il est drôle, hein ? Des gaufres ! Hahahaha.

— Quoi ?

— Elton ! Il est drôle, hein ? Moi, il me fait tellement rire. Comme son gag de la carte de crédit. Il…

— Oui, il est très drôle, l'interrompt Émily en sanglotant.

— Bon. Émily, tu t'en fais pour rien, poursuit Emma. Je comprends que ce soit quelque chose d'un peu stressant pour toi d'aller là-bas avec la dinde, les canneberges, les vœux de Noël, le gui…

— Oh, mon Dieu ! J'avais pas pensé à tout ça ! s'écrie Émily en pleurant de plus belle.

— Mais, en même temps, c'est génial que vous soyez ensemble, déclare Emma en tentant de se rattraper. Essaie d'oublier que ses parents vont être là et profite du fait que tu es avec Will le jour même de Noël !

— Facile à dire ! Je fais quoi ? Je les efface avec un Spongie-Pochettes ? demande Émily en s'essuyant les yeux.

— Accorde-leur pas tant d'importance. L'important, c'est le bonheur de Will.

— Mais ses parents sont importants pour lui. Ça revient au même, non ?

— Ouais, c'est un syllogisme, dit Emma, gravement.

— Un quoi ?

— Ses parents sont importants pour Will et le bonheur de Will est important pour toi, donc les parents de Will sont importants pour toi. C’est ce qu’on appelle un syllogisme.

— Ça te tentait pas de répondre : « T’as raison, Émily » à la place ? Comme quelqu’un de normal ?

— Je ne suis pas normale. Je suis unique. C’est mon charme.

— Avec Elton, vous êtes un beau duo de pas normaux, réplique Émily en souriant à travers ses larmes.

— Ah bon ?

— Vous avez fait votre choix ? demande le bijoutier avec un sourire dégoulinant de mauvaise foi.

— Bon. Je l’achète, la montre, ou non ? lance Émily à Emma en reniflant.

— As-tu une autre idée ? Un t-shirt ? Ça pourrait être chouette. Tu pourrais faire imprimer quelque chose dessus, une photo ou une phrase.

Le bijoutier soupire mais se contient en regardant une autre fois la carte de crédit posée devant lui.

— Une phrase ?

— Oui ! J’ai vu des sacs imprimés avec des slogans comme : « Nous aurons le destin que nous aurons mérité. »

— Heu…

— C’est d’Einstein !

— Ouais, mais…

— Tu peux mettre un slogan de quelqu'un d'autre. Ou juste une phrase qui vous ressemble. Une ligne de chanson, peut-être ?

— *We found love !* Ouais ! C'est super, ça !

— Tu pourrais pas trouver en français ? Ce serait mieux.

— Hum…

— Vous savez qu'on peut faire graver le dos d'une montre ici, dit le bijoutier d'un ton obséquieux. On peut donc y écrire ce qu'on veut. Comme sur un t-shirt, ajoute-t-il en jetant à Emma un regard noir.

— Ah oui ? fait Émily, soudainement intéressée.

— Mais bien sûr, mademoiselle.

— Je pourrais y faire graver quelque chose que ses parents ne verraient pas !

— Du genre : « Coucou » ? grince Emma.

— Je pourrais faire graver… heu… heu… Qu'est-ce que je pourrais faire graver ?

— « Pour Will », répond Emma avec simplicité. C'est joli, mignon et…

— Un peu trop classique… Tiens : « Top Will » !

— Top Will ? répète Emma en plissant le nez.

— Ben oui ! Ou : « Top William » !

— Ben là !

— T’aimes pas ça ?

— Ben…

— Je vais juste prendre la montre finalement, tranche Émily à l’intention du bijoutier avant de se moucher. Paquet-cadeau, s’il vous plaît.

2.

— Qu'est-ce que tu as acheté ? demande Annick du fond de la maison en entendant sa fille rentrer.

— Une montre ! répond Émily en déposant son sac sur la console du grand hall d'entrée.

— Bonjour, Émily, dit Monique, la femme de ménage, en passant devant elle avec son chiffon.

— Oh. Bonjour, madame Monique.

« Aux abris ! Monique-la-parlotte ! » pense Émily en tentant déjà de trouver une façon d'esquiver celle qui la retient toujours en lâchant son habituel « piiis ? », pour enfin papoter de choses inintéressantes pendant des heures.

Émily retire sa tuque et ses moufles en mohair devant le placard à manteaux, pendant que Monique, qui s'apprête à entamer la conversation, fait mine de secouer son chiffon.

— Piiiiiis, ma belle fille ?

« Pipi-pipi-pipi-pipi-pipi-pipiiiiiiiis ! »

— Tu as acheté une montre à ton petit ami ? glisse la dame d'un air goguenard devant le silence d'Émily.

— Non, c'est pour… heu… c'est pour…

— Tu sais que la chanteuse Édith Piaf achetait toujours des montres à ses amoureux juste avant de rompre ?

« NON ! ? ! »

— Toujours une montre de marque. C'était sa façon à elle de dire que la relation avait pris fin dans son cœur, poursuit Monique sur sa lancée, comme une fusée intergalactique. Un genre de cadeau de rupture. Imagine ! C'est horrible. Tous y passaient, les uns après les autres.

— Ouais…

— Et le pire de tout, continue la femme de ménage avec un enthousiasme grandissant, c'est qu'un jour, elle décide d'acheter une montre à l'amour de sa vie, Marcel Cerdan. Juste parce qu'elle l'aime trop et qu'elle ne peut résister à l'envie de lui acheter la montre en cadeau. Aaaah, son Marcel… Elle l'a aimé, son Marcel ! Comme aucune femme n'a aimé.

« Blablablaaaaaaa… paaaaaas… intéres-saaaaaant… »

— Eh bien, le destin lui a joué un vilain tour ! s'écrie Monique avec un geste théâtral, au risque de décrocher un des tableaux du peintre Jean Voulier, accrochés au mur derrière elle, et d'échapper son dentier en même temps.

— Ah ? fait Émily en bâillant.

— Quelques jours après avoir reçu la montre en cadeau, son beau Marcel a pris l'avion. Et BANG.

— Bang ? dit Émily en écarquillant les yeux.

— Oui. BANG ! répète Monique avant de hocher la tête en silence.

Émily fixe Monique qui veut visiblement faire durer le plaisir. Pendant ces quelques secondes, elle la déteste profondément.

Une seconde.

Deux secondes.

Trois secondes.

— QUOI, BANG ? demande enfin Émily, partagée entre la curiosité et l'agacement.

— L'avion s'est écrasé, martèle Monique en frappant la console du plat de la main. Et il est mort, son beau Marcel. MORT ! Écrabouillé. Aplati. BANG.

« Oh, mon Dieu ! »

— Émilyyyy ! fait la voix de sa mère de l'autre bout de la maison. Viens me montrer tes achats !

— En tout cas, c'est une bien bonne idée, ma belle fille, de donner une montre, poursuit Monique en montrant ses grandes dents de plastique. Tu es bien généreuse. Il va être content, ton petit ami, d'avoir un beau cadeau comme ça.

— Grenigreniouniou, répond Émily en fixant le sac du magasin comme s'il s'agissait d'une bombe à retardement ultra perfectionnée et programmée pour exploser le 25 décembre à vingt heures précises au 6383 de la rue Sommerside, chez les Beauchamp.

— Moi, dans mon temps…

« … c'était teeeeeellement plus coooooool ! » pense Émily.

— … les petits cadeaux d'amoureux, c'étaient des cartes.

« … écrites avec des plumes d'oiseaux morts ! »

— C'était encore plus romantique comme ça.

« Sûrement ! »

— On glissait ces cartes sous nos oreillers ou dans nos corsages de robes…

« … faites en écorce de bouleau parce que le coton existait pas… »

— … on les aspergeait de parfum…

« … en allant traire les vaches… »

— … et on rêvait.

« En marchant trois milles à pied dans un rang boueux pour aller à l'école. »

— C'était pas comme aujourd'hui !

« Hééé non. Pffff. Une chance ! »

« *Ooooh sometiiiiimes* », fait soudain la voix métallisée d'Etta James dans le petit haut-parleur du cellulaire d'Émily.

C'est sa nouvelle sonnerie depuis hier, et Émily met quelques secondes à s'en souvenir.

« *I gotta good feeliiiing* », poursuit la chanteuse séquencée par Flo Rida.

— Dans notre temps, on n'avait pas non plus toutes sortes de gadgets électroniques comme vous, oh non non non, continue Monique en tordant son chiffon pendant qu'Émily se dirige vers le placard pour prendre son téléphone dans la poche de son manteau.

— Non, vous, vous vous envoyiez des signaux de boucane au lieu de téléphoner, réplique-t-elle en pensant à son cours d'histoire de première secondaire sur la vie des colons en Nouvelle-France.

Quand Émily lit le nom de William sur l'écran de son iPhone, son sourire s'élargit.

— Pis, mon cadeau ? fait la voix de William.

— Hahahahaha ! Pourquoi tu dis ça ? répond Émily alors que Monique s'éloigne en marmonnant.

— Je suis un médium. Je parle aux esprits. Tu le savais pas ?

— Nooon.

— Eh oui. J'ai même deviné ce que tu m'avais acheté.

— QUOI ? crie Émily en éprouvant une dangereuse envie d'égorger Elton ou Emma, ou les deux.

En même temps.

« Pas capables de garder un secret deux minutes ! Tsé. »

— Ouaip, répond William. Tu m'as acheté un miniaturiseur.

— Un quoi ?

— C'est une machine qui rapetisse les gens. Et tu vas me glisser dans ta valise pour StarAcAdo le 4 janvier.

— T'es fou.

— Je vais vivre heureux parmi tes élastiques à cheveux et tes barrettes. Et tous les soirs, je vais m'endormir dans le creux de ton oreille absolue. Super confo.

— Hahahahahahaha !

— Je viens de parler à Emma. Elle a tenté de me faire croire que vous étiez allées acheter une robe pour Noël, mais elle ment tellement mal que j'ai deviné qu'il y avait quelque chose de louche.

« Oui, Emma ment très mal, ELLE », pense Émily.

Une énorme vague de tristesse l'envahit subitement quand elle songe qu'elle doit être beaucoup plus douée que son amie à ce jeu. Elle n'a raconté à personne qu'elle a dû mentir durant la dernière journée d'atelier de StarAcAdo, lorsqu'elle a affirmé aux juges qu'elle avait composé également la musique de sa chanson *Gyrophare*, alors que c'était Francis, le vrai compositeur.

Depuis, elle n'a rien dit, ni à William, ni à sa mère, ni à Emma, ni à madame Gentilly. Elle a bien eu l'intention de tout leur avouer, et puis, au dernier moment, elle a changé d'idée. Depuis, elle a l'impression que son cœur est devenu une masse de plomb, horrible et puante.

— Émily ? fait la voix de William dans le téléphone. T'es là ?

Alain comprendrait peut-être. Il lui dirait aussi sans doute quoi faire. Mais Émily n'a pas encore osé aborder le sujet avec lui. Tout le monde autour d'elle est si content qu'elle ait été choisie pour participer à StarAcAdo qu'elle se sent complètement piégée. Comme le mulot qu'elle a retrouvé au chalet une année, le cou brisé dans le piège à souris.

« Et le mulot n'avait même pas menti. »

De plus, Émily se retrouve sous la coupe de Jérémie qui, lui, sait la vérité. Pourtant, lorsqu'il l'a appelée pour lui annoncer qu'il avait été choisi, il n'a fait aucune allusion à son mensonge. L'appel a été court, maladroit, comme si les deux adolescents ne savaient pas comment gérer cette drôle de situation.

« Nous sommes choisis, Nik. Tous les deux. »

— Émily ? répète la voix inquiète de William

— Oui, excuse-moi, Will. Je pensais à autre chose.

— Ça va ? demande-t-il doucement.

— Oui oui. Il faut que j'aille voir ma mère. Elle m'appelle, là.

— Je voulais juste te dire merci pour les Lego *Star Wars*.

— Hahaha ! Tu peux toujours rêver ! Non, c'est pas ça que j'ai acheté. JAMAIS je te donnerai des Lego.

— Émily… veux-tu toujours venir le 25 ?

« Oh, mon Dieu ! Il ne veut plus que je vienne ! »

— Ben… oui… Pourquoi ? demande-t-elle d'une voix mal assurée.

— Je me suis dit… Peut-être que mon invitation t'a pas fait autant plaisir que je pensais.

Moi, j'ai vraiment envie de te présenter à mes parents et d'être avec toi à Noël, mais… Je sais pas, je sens que t'es mal à l'aise depuis quelque temps. T'es souvent dans la lune. T'as l'air préoccupée. Comme si tu me cachais quelque chose. C'est peut-être à cause de ça? C'est correct si tu veux pas venir. Je veux pas t'embêter avec ça.

« OH, MON DIEU ! C'est pas ça ! ! ! »

Émily a soudainement envie d'être en 2080 pour que la téléportation soit déjà au point, ce qui lui permettrait d'aller se blottir immédiatement dans les bras de William.

« Qui aurait quatre-vingt-trois ans? Heu… »

— Will, je sais pas quelle robe mettre, j'ai acheté des tonnes de truffes inutiles et je suis terrorisée à l'idée d'être chez toi pour Noël. Mais, en même temps, je suis vraiment touchée, je te jure. Alors, c'est… c'est pas ça.

« Oui, je te cache quelque chose, William, j'ai menti pour être choisie. S'il te plaît, devine tout seul », pense Émily en fermant les yeux.

Elle entend la respiration calme de William dans le téléphone.

— Je suis juste stressée avec StarAcAdo, finit-elle par lâcher.

— Je sais.

Une minute s'écoule. Une larme glisse sur la joue d'Émily pendant que les mots se coincent dans sa gorge.

« Non, tu sais pas. »

— Veux-tu que je vienne chez toi ? demande William. Je peux laisser faire le marché de Noël.

— Ben non, pour une fois que ton père veut faire quelque chose avec toi, s'entend dire Émily.

« Oui, j'aimerais que tu viennes à la place ! »

— Ouais. Il me parle des santons depuis une semaine, poursuit William.

— Des santons ?

— Ce sont des petits bonshommes en plâtre qu'on trouve dans les marchés de Noël. Je pense qu'il en avait quand il était petit.

— Ah.

— J'y vais alors.

— OK.

— Émily ?

— Oui ?

— Transforme-moi en petit santon à Noël, d'ac ? dit William avant de raccrocher.

« C'est une montre que je t'ai achetée. Une montre », songe Émily en chassant de son esprit les images d'avion s'écrasant au sol avec fracas.

3.

— Est-ce que tu vois tout? demande Émily en grelottant sous son manteau.

— Heu... bouge donc un peu à droite, répond Emma, l'œil fixé au viseur de la caméra.

— Comme ça? dit Émily en se déplaçant.

— Non, l'autre droite.

— Ben, c'est à gauche, ça!

— C'est MA droite à moi, souligne Emma en lançant un coup d'œil à Émily par-dessus l'appareil.

— Parle pour que je comprenne! réplique Émily en riant.

— Et toi, déduis!

— Pffff.

— Bon, poursuit Emma en replaçant son œil dans le viseur. Je pense que je vais peut-être réussir à voir la façade si je recule un peu... encore un peu... encore...

Elle recule avec peine dans la neige épaisse, la caméra collée au visage.

— Attention, Emma ! lance Émily avec impatience.

— Est-ce qu'il y a un arbre derrière moi ? s'écrie Emma.

— Non ! Mais tu sais que tu peux utiliser l'écran pour avoir une vue d'ensemble ! soupire Émily. C'est une caméra numérique ! T'es pas obligée de regarder dans le trou !

— Je SAIS, fait Emma en reculant toujours. Mais je suis musti pas habituée, alors j'aime mieux regarder par le trou comme avec mon appareil photo jetable. Y a rien derrière moi ? T'es sûre ?

— Non, c'est correct, tu peux encore reculer sans problème.

Les deux adolescentes sont sur le terrain du pensionnat Saint-Preux afin de réaliser le court film de présentation d'Émily pour StarAcAdo. Malgré le froid piquant, Emma tient dans ses mains nues la lourde caméra, pendant qu'Émily sautille sur place pour se réchauffer.

— Tu vois l'école ? demande encore Émily en cognant ses deux pieds gelés dans ses bottes Hunter. Ils ont bien dit dans la lettre qu'il faut que l'école figure dans le petit film. Pis…

— Oui oui, je la vois, là. Je la vois, répond Emma, le visage entièrement caché derrière l'appareil.

— Et moi, tu me vois au complet ?

— Ben oui. Là, c'est un bon plan.

— Je suis pas coupée ? Tu vois mes bottes Hunter ?

— Émily ! J'ai juste musti hâte de remettre ma mitaine. Le plan est parfait. On voit tes bottes. On voit Saint-Prout. On voit tout. On tourne ?

— Je veux être sûre que le plan est bon.

— Je te vois AU COMPLET et je vois l'école en arrière. Qu'est-ce que j'ai dit que t'as pas compris ?

— OK, fait Émily en grelottant.

— Ça tourne.

Émily fait le plus beau sourire dont elle est capable. Malgré tout, elle a l'impression d'être aussi ridicule qu'une fille dans une publicité de serviettes sanitaires. Elle a alors le réflexe de jeter sa tête vers l'arrière, mine de rien, pour ajouter du naturel. Mais puisqu'elle porte une tuque, ses cheveux, prisonniers du tissu, ne bougent pas autant qu'elle le voudrait.

— Stop ! On recommence ! dit-elle à Emma.

— Mais t'as même pas commencé à parler !

— On recommence pareil. J'ai fait un genre de geste de cou pas beau.

— Un genre de geste de cou ?

— Ouais.

— Émilyyyyy, on n'a pas besoin d'arrêter chaque fois que tu fais un geste que t'aimes pas ! Il faut faire un montage après, de toute façon. On aura juste à couper les bouts qui te plaisent pas.

— Oh.

— Ça tourne.

Émily reprend son sourire forcé. Elle sent que les coins de ses lèvres ne se retroussent pas suffisamment. Elle a la bouche tout engourdie.

« Oh, mon Dieu ! Est-ce que ça va paraître que j'ai la bouche gelée ? Je vais avoir l'air d'une candidate avec une paralysie faciale ! »

— Bonjour ! dit-elle d'une voix exagérément dynamique. Je m'appelle Éily et... Oh non ! J'ai la bouche gelée, Emma. J'ai dit « Éily ».

— Recommence tout de suite. Ça tourne.

— Bonjour ! Je m'appelle É-MI-LY Faubert, je suis en troisième secondaire et je fréquente le pensionnat Saint-Prou... ouuuuut ! Hahahaha !

— Qu'est-ce qui se passe encore ?

— J'ai dit « Saint-Prout » ! Hihihi.

— Prise trois.

— Quoi ?

— RECOMMENCE ! ordonne Emma, qui sent ses doigts nus se rigidifier autour du bouton de la caméra.

— Hum. Bonjour, je m'appelle É-MI-LY Faubert, je suis en troisième se-con-dai-re et je fréquente le pen-sion-nat Saint-Preux... Non, ça va pas, je sens vraiment plus ma bouche.

— ÉMILY !

— Ben là ! C'est pas ma faute ! C'est le froid !

— Il faut que je remette mes mitaines, je vais avoir des engelures, fait Emma en décollant son œil de l'appareil.

— Je suis gelée de la bouche. Pis des deux pieds aussi.

— Tu aurais dû mettre tes bottes d'hiver aussi, la gronde Emma.

— J'ai juste des Sorel, pis ça fait des gros pieds. Déjà que j'ai l'air d'une paralytique, je veux pas avoir des gros pieds sur mon petit film de présentation.

— Tu aimes mieux avoir les deux pieds amputés ?

— Heu... le lien, s'il te plaît ?

— Après des engelures graves, parfois on ampute les membres gelés, dit Emma en frottant ses deux mitaines ensemble.

— Oh, mon Dieu ! Tu penses ? Est-ce que je peux être amputée de la bouche ? ? ?

— Si on continue comme ça, on va finir comme des femmes-troncs toutes les deux. On devrait filmer à l'intérieur de l'école.

— On est samedi, Emma ! Et mardi, c'est les vacances de Noël. Il faut faire le film maintenant parce que sinon on n'aura plus la caméra d'Alain ! Et je veux que ça fasse professionnel. Je veux pas filmer avec un cellulaire. Je veux filmer avec une vraie caméra !

— Si on essayait d'entrer ?

Émily se tourne vers l'imposante bâtisse en pierre.

— Mais… les portes vont être barrées !

— Peut-être pas. Il y a des clubs de fin de semaine. Le club théâtre. Les clubs sportifs. Ça vaut la peine d'essayer au moins.

— On verra pas la façade !

— Qu'est-ce que t'as à être obsédée par la façade ? On a juste à aller dans la salle de musique ! On pourrait filmer devant les pianos ?

— Ah ouin, c'est pas pire comme idée, ça…

— Ça fait musicienne, en tout cas.

— Oui. On essaie.

Les deux amies arpentent péniblement le terrain du pensionnat jusqu'à la porte principale. Celle-ci est bel et bien verrouillée.

— Bon, qu'est-ce qu'on fait ?

— Attends, dit Emma en appuyant sur la sonnette.

— Qu'est-ce que tu fais ?!

— C'est pas parce que la porte est barrée qu'il n'y a personne !

— Encore un silo à foin ?

— Un quoi ?

— Ton silo, là, ton affaire.

— Un syllogisme ? Hahahaha ! Un silo à foin !

— Pfff.

— Non, là, c'est juste de la pure logique.

Émily lève les yeux au ciel. La lourde porte d'entrée du pensionnat s'ouvre doucement sur une femme dont les cheveux enroulés sur eux-mêmes ressemblent à un sac de couchage replié. Émily a déjà vu cette coiffure dans des revues de mode et a toujours trouvé cela « horribilis ». On dirait un condensé de roulé suisse et de cigare au chou derrière la tête.

— Bonjour ! lance Emma avec enthousiasme. Nous sommes deux étudiantes de secondaire trois et on aurait besoin de filmer dans l'école.

— Oui, c'est pour StarA...

— C'est pour le cours d'éthique ! la coupe Emma. Il faut réaliser un film juste avant les vacances sur un lieu inspirant, et on a choisi notre école. Mais on a la caméra juste pour aujourd'hui et…

— Avez-vous une autorisation ? demande le cigare au chou.

— Oui oui, on a un papier signé de monsieur Dagenais, mais on l'a oublié.

La dame les détaille de la tête aux pieds d'un air suspicieux.

— Vous avez votre carte de l'école ? ajoute-t-elle.

— Heu… ouiiii, s'empresse de répondre Emma en fouillant dans son sac.

— Moi aussi, dit Émily en tendant la sienne.

— Émily Faubert, lit le cigare au chou. Hum. Et Emma Nolin.

— C'est vrai vrai vrai que c'est pour le cours d'éthique, répète Émily.

Emma la fusille du regard, du genre : « N'en mets pas trop, quand même ! »

— Entrez, tranche cigare-roulé en frissonnant à cause du froid. Venez signer le registre. Et n'oubliez pas de le signer de nouveau avant de partir.

— Oui !

— Bien sûr ! ajoute Emma, tout sourire, en apposant sa signature sur le document de visite.

Émily jette un regard curieux autour d'elle. Pas de bruit dans les couloirs, personne dans les locaux.

— Ça fait drôle d'être ici illégalement..., murmure-t-elle une fois qu'elles se sont éloignées du cigare au chou.

— À mon école primaire, les réunions du club d'échecs avaient lieu le samedi, dit Emma en se dirigeant vers la salle de musique. J'aimais ça, aller à l'école le samedi !

— Tu m'étonnes, réplique Émily, sarcastique. À trois ans, tu rêvais déjà d'étudier, je te gage.

— Peut-être, je m'en souviens pas.

— Hihi.

— « C'est vrai vrai VRAI que c'est pour le cours d'éthique » ! singe Emma en suivant Émily dans le couloir. Eille. Je pensais être mauvaise menteuse, mais t'es pire que moi !

« Oh, mon Dieu ! pense Émily. Si elle savait... »

— Ouais..., répond-elle mollement.

— Installe-toi devant le piano à queue, fait Emma en enlevant son manteau et en se plaçant à distance, caméra en main.

— Penses-tu que je peux garder ma tuque même si on est à l'intérieur ? Elle me va bien, cette tuque. C'est une Burton.

— Ben… OK. Au pire, ça fait hip-hop *yo*.

— Ouais.

— Bon. Je te vois au complet, Burton comprise, et je vois le piano, précise Emma. On tourne.

— Minute minute ! Tu vois mes bottes Hunter ?

— Ouiiiiiii.

— Alors, coupe le plan !

— Pourquoi ?

— Je veux pas qu'on les voie !

— Ben là ! Tantôt c'était musti important de voir tes bottes Hunter dans le plan !

— Oui, mais là, on est à l'intérieur pis j'ai plus de manteau. Ça va avoir l'air fou, des bottes avec ma robe !

Emma soupire en s'approchant doucement, appareil en main.

— Là, on voit plus tes bottes. Mais je vois ton gros bouton blanc sur le nez. Ouache, plein de pus. Pas chic.

— QUOI ? ? ?

— Blague.

— Pfff.

— Bon, on filme ?

— Bonjour ! lance Émily avec emphase. Je m'appelle Émily Faubert, je suis en troisième secondaire et je fréquente le pensionnat Saint-Preux.

« Et je suis une candidate menteuse », ajoute-t-elle en elle-même.

4.

Bonjour, Clémence.

Ici, nous nous préparons pour les vacances de Noël. Dans mon cas, c'est top stressant pour deux raisons. Je suis invitée chez mon chum. (Ça veut dire «ami de coeur» chez nous, mais je préfère de loin dire «chum». «Ami de coeur», ça fait un peu nunuche. Mais je suis certaine que toi, tu n'es pas nunuche! As-tu un... heu... ami de coeur, toi?)

L'autre raison, c'est que je suis acceptée à StarAcAdo. Je vais participer au gala télévisé. C'est juste après les vacances, alors je suis très très nerveuse. Je ne sais pas si ça va passer à la télé de France mais en même temps, je pense que ça ne serait pas intéressant pour toi puisque... ben... tu es sourde. Quoique tu pourrais me voir bouger les lèvres. As-tu des bons yeux au moins?

Est-ce que ça veut dire que tu n'écoutes jamais de musique? Mon amie Emma dit que tu ne sais pas c'est quoi, la musique. Mais moi, je me dis que ça se peut pas.

Finalement, j'aime beaucoup l'idée de cette correspondance.

En tout cas.

Émily. xxx

5.

— Regarde pas, maman !

— Non non, j'ai les yeux fermés ! crie Annick, déjà assise sous l'arbre.

Émily adore la veille de Noël. C'est une soirée mère-fille sacrée depuis qu'elle est toute petite. Toutes deux s'habillent et se maquillent en cachette, comme pour un bal. Puis elles se retrouvent au grand salon pour déballer les cadeaux.

— Voilà ! dit fièrement Émily en faisant irruption dans la pièce et en tournoyant devant sa mère.

Le tulle sous sa nouvelle robe couleur saumon se gonfle comme un ballon à chaque mouvement, ce qui lui donne l'air d'une star dans une pub de Dior.

— Très jolie ! s'exclame sa mère, ravie. C'est ce que tu vas porter demain soir ?

— Oui. C'est peut-être un peu trop… trop…

— C'est parfait, ma loulou ! Tu es superbe. Mais tu serais superbe aussi dans un sac à patates. Tu es toujours superbe.

— Hahaha ! Un sac à patates.

— Hihihi.

— Toi aussi, tu es belle, maman, affirme Émily en posant son regard sur la robe rouge de sa mère. Mais mais mais…, poursuit-elle en observant sa coiffure. Tu t'es fait un cigare au chou !

— Quoi ?

— Tes cheveux ! Tu t'es fait un roulé !

— Tu appelles ça un cigare au chou ? demande sa mère en riant.

— Oui… heu… mais sur toi, c'est beau.

— Merci ! répond Annick, hilare. Un cigare au chou !

— Tu trouves pas que… ben… que ça ressemble un peu à ça ?

— Moi, j'aime beaucoup ta tresse sur le côté !

— Ouais, c'est comme Katniss.

— Qui ?

— Laisse faire.

« Inutile de tenter d'expliquer à un cigare au chou ce qu'est *Hunger Games*. »

Émily regarde sous le sapin. Il n'y a toujours pas de cadeau pour elle. Seule la petite boîte pour sa mère trône parmi les épines tombées.

— On commence ? demande Annick, amusée, en tendant une flûte de jus d'orange à Émily qui déteste le goût âcre du champagne.

— Heu… OK. Tu peux ouvrir le tien en premier, fait-elle en s'asseyant précautionneusement par terre devant le sapin, pour ne pas abîmer sa robe.

« Puisqu'il n'y a que TON cadeau ! »

Annick dépose son mimosa et prend le seul et unique cadeau sous l'arbre. Elle le secoue en en approchant son oreille, le tourne dans tous les sens comme une gamine.

— Qu'est-ce que c'est ? demande-t-elle en souriant.

— Ha ! dit Émily, mystérieuse, honorant le rituel.

Annick déballe le cadeau en chantonnant. Dans la boîte, sur un morceau d'ouate, une broche en forme de cœur brille sous la lumière. Annick regarde sa fille sans parler avant de la prendre dans ses bras.

— T'as toujours des broches top laides sur tes tailleurs, déclare Émily, le visage collé sur l'épaule de sa mère.

— Ah bon ? rigole Annick en se détachant d'Émily pour regarder de nouveau le bijou.

— Oui, elles sont un peu… heu…, bafouille Émily en s'esclaffant. Tsé ?

« Top matante ? »

— Merci, ma loulou. C'est un magnifique cadeau, fait Annick en serrant la petite boîte dans sa main.

— De rien, répond Émily en jetant un regard vers le sapin, sous lequel il n'y a maintenant plus rien.

— À ton tour ? ajoute sa mère, espiègle.

— Oui, mais…

— Quoi ?

— Ben… y a rien sous le sapin.

— Oh ! Suis-je bête ! s'exclame Annick en se frappant le front de la main avant de faire un clin d'œil.

Émily sourit.

— C'est que…, commence sa mère, je pouvais pas le mettre là.

— Ah ?

— Ben non.

— Ah ! répète Émily en la regardant, intriguée. Alors, il est où ?

— Dans ma chambre, répond Annick d'un air de conspiratrice, avant de lâcher un petit rire. Je pouvais pas vraiment l'emballer, alors je l'ai caché là.

« Oh, mon Dieu ! se dit Émily. C'est… QUELQU'UN ? »

— C'est qui ? chuchote Émily qui n'est plus certaine qu'elle appréciera la surprise.

— Va voir.

Émily se lève, raide comme un piquet de tente de camping dans sa robe saumon. Le rituel, c'est d'être ensemble, toutes les deux, toute la soirée et de manger des sandwichs au fromage avant de se coucher dans des sacs de couchage dans le salon. Si quelqu'un d'autre se joint à eux, Émily sera amèrement déçue. Déjà qu'elle ne voit presque jamais sa mère…

« Oh, mon Dieu ! Et si c'était Will ? »

— Maman, fait Émily d'une voix suppliante, ma robe, c'est une surprise pour William. Si c'est lui qui est caché dans ta chambre…

Annick éclate de rire.

— C'est pas William, ma loulou. Je t'aurais pas fait ça !

« Bon. Top ouf… Alors, c'est qui ? »

Émily avance dans le couloir avec l'impression que le sol va s'ouvrir sous ses pieds en un canyon gigantesque.

« QUI ? »

Elle s'arrête devant la porte fermée de la chambre de sa mère, étreinte par l'angoisse. À sa grande déception, elle n'est tombée dans aucun trou. Devra-t-elle faire semblant de bondir de joie, elle qui avait envie de passer la soirée seule avec sa mère ? Et si c'était madame Gentilly ?

« Oh, mon Dieu ! Quelle soirée épouvantabilis en perspective ! »

Madame Gentilly qui mangerait des sandwichs au fromage assise par terre avec sa mère dans un sac de couchage ?

« Top brrr. »

Émily frappe à la porte. Silence. Elle entre en sentant son sang circuler dans tout son corps comme du jus glacé, tout en s'accrochant au visage un sourire forcé de circonstance.

« OH, MON DIEU ! »

Et si c'était… son père ?

« Noooooon ! »

La chambre est vide.

— Heu… allo ? dit Émily aux meubles, d'une voix enrouée.

Elle voit alors un gros aquarium sur une des tables de chevet. Un aquarium vide, sans eau. Elle revient dans le salon, perplexe.

— Maman ? C'est quoi, ta surprise ?

— Tu l'as pas vue ?

— Ben, j'ai vu un aquarium vide. C'est ça ?

— Comment ça, vide ? fait Annick qui se lève d'un bond et se dirige au pas de course vers sa chambre.

— Qu'est-ce qu'il était supposé y avoir dedans ? demande Émily en suivant sa mère.

Annick entre dans sa chambre et regarde, horrifiée, l'aquarium désert.

— Merde ! s'exclame-t-elle.

— Maman ?

— Elle s'est sauvée ! !

— QU'EST-CE QUE TU M'AS ACHETÉ ? crie Émily en sentant ses poils se hérisser sur tout son corps.

— C'est pour te tenir compagnie à Star-AcAdo !... répond sa mère en s'accroupissant de peine et de misère dans sa robe rouge pour regarder sous son lit.

— QUOI ? ? ? s'écrie de nouveau Émily, d'une voix très aiguë cette fois.

« Pitié pitié pitié ? Pas... pas... Oh. Mon. Dieu ! Une tarentule ? ! ! »

« Ce mois-ci dans *Fun Fun* :

« UNE CANDIDATE DE STARACADO RETROUVÉE MORTE EMPOISONNÉE PAR LE VENIN D'UNE TARENTULE GLISSÉE DANS SA ROBE DE NOËL.

« Voyez les photos horribles de l'autopsie en page 3. »

— Mamaaaaaaan !

— Calme-toi, Émily, dit Annick en marchant à quatre pattes dans sa robe fourreau. Elle a pas pu aller bien loin. Je peux pas croire !

Comment elle a pu sortir de l'aquarium ? Ça saute pas, pourtant !

« OK, c'est pas une tarentule. Top ouf… Ça rampe alors ? Heu… ÇA RAMPE ?!! »

— Émily, aide-moi donc ! lance sa mère en ouvrant les tiroirs de sa commode.

— Je t'aiderais si je savais ce qu'on cherche ! réplique Émily, figée sur le seuil, balayant la pièce d'un regard apeuré.

C'est alors qu'elle remarque une nouvelle décoration sous la lampe torchère. Une sculpture verte fluo en forme de lézard qui tourne lentement la tête vers elle.

« Heu… qui tourne la tête ?! »

— HAAAAAAAAAAAAAAHH ! hurle-t-elle. ÇA BOUGE !!!

— Ah ! fait Annick, soulagée, en s'asseyant sur son lit. Elle est allée se réchauffer sous la lampe, regarde ! Drôle, non ?

— Heu… QUOI ?

— C'est elle ! dit Annick en souriant. C'est mon cadeau ! C'est… heu… une iguane.

— Une iguane ?

— Oui.

— Tu m'as acheté une iguane ?

— Oui, répète Annick, un peu moins fièrement cette fois. T'es pas contente ? Je me suis dit que ça te ferait de la compagnie. Je me suis informée, t'as le droit de l'apporter là-bas, dans la maison de StarAcAdo. Je me suis dit… je me suis dit…

— Tu m'as vraiment acheté une iguane ? demande de nouveau Émily, qui éprouve maintenant une formidable envie de rire.

— Ben oui ! répond Annick.

— Mais t'es complètement folle, maman ! dit-elle en s'approchant lentement de la bête qui ne bouge pas d'une écaille.

— J'allais pas t'acheter un chat ou un chien, je sais que t'aimes pas les animaux domestiques, que ça te tape sur les nerfs. Tu dis toujours que tu comprends pas pourquoi les gens s'attachent aux animaux ! Mais, en même temps, t'es souvent seule parce que je travaille beaucoup et…

— Une iguane ! ? s'esclaffe franchement Émily en s'asseyant devant l'animal.

Annick éclate de rire à son tour.

— Une chance qu'on l'a retrouvée. Je comprends vraiment pas comment elle a pu sortir.

— Elle a grimpé, maman.

— Tu penses ?

— Ben oui.

La mère et la fille restent silencieuses quelques secondes devant le lézard immobile.

— Elle a l'air bien, là.

— Oui.

— Ça bouge pas beaucoup.

— C'est le moins qu'on puisse dire.

— Je peux la retourner au magasin si tu veux, propose Annick. C'était juste une idée.

Émily observe le reptile, intriguée.

— C'est pas très affectueux, en tout cas.

— C'est pour ça que je l'ai choisie, précise Annick en souriant. Tu détestes tellement les chiens. Pour moi, c'était aux antipodes d'un chien.

— Ouais. Un bijou, ça te tentait pas ?

— Hahahahaha !

— Penses-tu que je peux la prendre ?

— Ben oui, répond Annick. Il faudra bien ! Je la garderai pas dans ma chambre, c'est certain.

Émily s'approche doucement et prend à deux mains l'étrange animal. Sa peau est froide, rugueuse. Bizarre.

— Salut ! dit-elle en souriant, alors que le reptile impassible urine sur sa robe saumon.

« Joyeux Noël », pense Émily.

6.

— C'est pas vrai ?!

— Oui. Elle m'a vraiment donné une iguane.

— On dit « UN iguane », en passant, souligne la voix d'Emma dans le téléphone.

— Ah ouais ?

— Oui.

— Alors, c'est un « il » ?

— Ah ben ça, je sais pas, Émily.

— Ah ben oui, je suis top épaisse.

— Han han, rigole Emma.

— Eille ! fait Émily avant d'éclater de rire. De toute façon, dans mon cœur, c'est une « elle ».

— C'est vraiment un cadeau musti cool. Je peux passer la voir demain ?

— Ben oui, répond Émily en regardant le lézard, figé sur son bureau entre ses crayons et ses magazines.

Elle pivote sur sa chaise quelques secondes, cellulaire sur l'oreille. C'est le jour de Noël et, dans quelques heures, elle sera chez William devant une dinde probablement énorme. Juste d'y penser, elle a envie de se couvrir d'écailles et de ne plus bouger, jamais.

— Qu'est-ce qu'elle fait ? demande Emma. Est-ce qu'elle explore ta chambre ?

— Elle n'est pas très dynamique, je dirais. Et en plus, devine ce qu'elle mange !

— Heu… des souris ?

— T'es malade ? !

— Ben, c'est pas comme un serpent ?

— Nooooon. Mais c'est presque aussi dégueu. Elle mange des grillons. Des grillons !

— Tu lui donnes des grillons vivants ?

— Non, je lui donne en sachet, séchés. Mais il paraît que, dans certaines boutiques d'animaux, je peux en acheter des vivants et qu'elle serait super contente. Débilos, hein ?

— Musti fou !

— Je sais.

— Comment tu l'as appelée, ton iguanesse ?

— Je sais pas encore. J'avais pensé à Ann, en hommage à l'air bête Gentilly.

— Hahahaha ! Tu blagues, j'espère ?

— Pourquoi ?

— Émily ! Si tu l'apportes avec toi à StarAcAdo, elle va passer à la télé. Et tout le monde va savoir son nom. Et ton professeur de chant aussi !

— Oh, mon Dieu, c'est vrai ! ! ! T'as raison.

— Tu devrais lui donner le nom d'une chanson.

— *I'm Sexy and I Know It* ? dit Émily en souriant au lézard qui ne lui renvoie qu'un clignement d'œil.

— Ben non. Un nom court. Genre, je sais pas moi, Curiosity. C'est pas mal, ça, non ?

— Oui ! s'exclame Émily. Ça lui va bien ! Mais… tout le monde va penser que j'aime Carly Rae Jepsen, alors que je la trouve top insignifiante.

— Ouais…

— Et toi, qu'est-ce que t'as reçu comme cadeau ? demande Émily.

— Plein d'affaires. Des gommes à effacer musti cool. Un petit calepin. Et des billets pour l'exposition *Le cerveau plasticien* au Centre des sciences.

— Houuuuuu, fait Émily avec ironie.

— Tu sauras que c'est super tripant, la nouvelle théorie de la plasticité du cerveau. Le cerveau se modifie, c'est fascinant. Et monsieur Zelkowitz dit que…

— Oui oui, je suis sûre, Emma. Tu as eu deux billets ? Tu vas y aller avec le Chung ?

— OUI ! ! ! Je l'ai appelé tantôt pour le lui dire, il était super content, lui aussi.

— Quoi ? Tu l'as appelé AVANT moi le jour de Noël ?

— Ben… c'était pour parler des billets, répond Emma, navrée.

— J'ai pas appelé William, moi ! !

— Tu le vois ce soir, tsé !

— Je capote, Emma. Je sais toujours pas comment m'habiller. Ann a fait pipi sur ma robe neuve.

— Pardon ?

— La lézarde. Elle a uriné sur ma robe hier. Ma mère a essayé de la laver, et la tache a disparu sur le tissu mais pas sur le tulle en dessous. Il y a comme un cerne.

— Mais le tulle, comme tu dis, c'est en dessous.

— Oui. Seulement, il suffit d'un mouvement pour qu'on le voie, le tulle. Et le cerne.

— Hum.

— Alors, maintenant, je sais plus quoi mettre. Déjà que ça m'a pris des jours pour me décider.

— Je te passerais bien ma robe verte, mais elle te fait sûrement pas.

« Triple ouf, d'ailleurs. »

— C'est gentil, répond Émily en se mettant les yeux croches, sachant qu'Emma ne peut la voir.

— Ça te ferait une robe courte. Peut-être que ça serait un genre musti sexy ?

— Je pense pas, Emma.

— Mouin. C'est dommage. Elle est belle, ma robe, à cause de la boucle en arrière.

— Huh hum, lâche Émily évasivement.

— Il faut que je retourne avec mes parents, dit joyeusement Emma. Ils m'attendent pour aller jouer dehors avec Téo.

— On gèle !

— Oui, mais c'est la tradition. On joue toujours dehors le jour de Noël. Et on regarde un film en famille après.

— Ils sont top cool, tes parents.

— Oui, fait Emma en riant. Hé, j'ai une idée ! Tu pourrais peut-être m'appeler de chez William pour me dire comment ça se passe ?

— C'est une bonne idée, ça !

— On pourrait se donner un genre de code.

— Oui ! Un mot pour « c'est un désastre ».

— Et un mot pour « c'est génialissime », ajoute Emma.

— Je doute fort que la soirée puisse être génialissime, avec ses parents et tout. Je capote grave.

— Que dis-tu de « la dinde est exquise » si ça va bien ?

— Bonne idée. Et puis… si ça va mal… heu…

— Tu pourrais juste dire : « La dinde est bonne » ? Si elle est pas exquise, c'est que ça se passe pas musti bien.

— OK ! ! !

— À ce soir alors ! Et oublie pas de prendre ça relax.

— Facile à dire, répond Émily avant de couper la communication et de tenir son téléphone en l'air quelques instants, perdue dans ses pensées. Bon, comment je m'habille, Ann ?

L'iguane tourne un œil morne vers Émily et s'immobilise de nouveau.

— Tu sais que tu pourrais être beaucoup plus expressive ?

« Je parle à un lézard. Ding dong, il y a quelqu'un ? »

Émily se lève et se dirige droit vers sa penderie.

— En pantalon peut-être ?

« Ça ne fait pas assez Noël. »

— En jupe alors ?

« William connaît toutes mes jupes ! Il n'y aura pas d'effet de surprise. »

— Peut-être une simple robe noire avec un bijou ?

Elle enfile une robe qu'elle n'a pas portée depuis longtemps et qu'elle avait presque oubliée. Elle ouvre ensuite ses deux tiroirs d'accessoires. Elle palpe quelques pendentifs avant de prendre des boucles d'oreilles en cascades de perles blanches.

— Un look classique ? Pourquoi pas ? Si Adele peut le faire, je le peux aussi, pas vrai, Ann ? dit-elle à l'intention de l'iguane qui ne répond rien.

Émily porte à ses oreilles les bijoux étincelants.

— Regarde, j'ai même un collier pour toi, poursuit-elle en glissant autour du cou du reptile le bracelet de perles blanches assorties. Ce n'est pas parce que t'es un lézard que t'as pas le droit d'être chic pour Noël !

Elle s'observe dans le grand miroir de sa chambre. Avec sa tresse blonde tombant sur son épaule et la rivière de perles mêlée à ses cheveux, son reflet lui plaît.

— Voilà. Ne suffisait que d'ajouter des perles, Ann ! C'est ton premier cours de mode : les perles, c'est toujours gagnant. Hé ! J'ai une idée ! Que dirais-tu de Pearl comme nom ?

Pearl… c'est joli. C'est même une chanson ! Attends, tu vas voir.

« Je parle à un LÉZARD. Youhou, cerveau ? » ne peut-elle s'empêcher de se dire tandis qu'elle sélectionne la chanson de Katy Perry sur son ordinateur.

La musique emplit le solarium, mais l'iguane reste de marbre.

— Tu aimes, Pearl ? demande Émily avant de s'asseoir, découragée, devant le reptile silencieux.

« Finalement, j'aurais peut-être préféré un chien », songe-t-elle.

7.

Émily marche sur le trottoir menant à la maison cossue des Beauchamp et serre son sac à main rempli de truffes comme s'il s'agissait d'un harnais de parachute.

« Oh. Mon. Dieu ! »

Bien sûr, elle est allée souvent chez William, mais elle n'a jamais été FORMELLEMENT invitée par ses parents. D'ailleurs, elle n'a jamais vu son père. Ce dernier travaille souvent à l'étranger. Quant à sa mère, elle se terre toujours dans la cuisine quand Émily vient à la maison, et celle-ci se rend toujours directement au sous-sol. Outre un bonjour gêné une fois, elle ne lui a jamais parlé. Ja-mais.

Émily aperçoit avec appréhension la façade de la maison au coin de la rue. Il n'y a pas de lumières de Noël.

« Tout un party en perspective ! pense-t-elle, avant de réaliser qu'elle a oublié son sac de chaussures chez elle. OH ! MON ! DIEU ! »

Rien de plus humiliant que de ne pas avoir de beaux souliers quand on porte une robe de soirée !

« Il n'est évidemment pas question de garder mes bottes Sorel à l'intérieur… Oh. Mon. Dieu ! Il est encore moins question de porter des pantoufles avec ma robe ! Des pantoufles de PARENTS en plus ! »

Elle s'arrête net devant le portail.

« Devrais-je faire demi-tour et aller chercher mes souliers ? Et arriver en retard, mais chaussée ? Hum. »

« 3 + {8-¾ } ¬ 3°-15 / 43 + {¼x} = ? OK, demi-tour », tranche-t-elle.

Mais, au moment où elle tourne les talons et fait dos à la porte d'entrée massive, les lampes du portail, liées à un détecteur de mouvement, s'allument d'un coup.

« CROTTE ILLUMINÉE ! »

Une demi-seconde plus tard, la porte s'ouvre à la volée et un homme de la taille du yéti apparaît, arborant un sourire d'au moins trois mètres de longueur.

— Si c'est pas notre invitée ! hurle-t-il d'une voix qui semble surgir des profondeurs de la terre.

« Qu'est-ce que c'est que ça ? Un golem ??? »

Le golem lui tend alors une paluche de la grosseur d'un terrain de football.

— Joyeux Noël ! s'écrie-t-il.

Émily sent le sol trembler sous les décibels.

— Joyeux Noël à vous aussi et... Aaaaaaah !

Le colosse vient de la tirer sans ménagement vers l'intérieur.

— Je suis tellement content de te rencontrer ! poursuit-il. Mais entre ! Entre donc !

« Je suis déjà entrée ! » se dit Émily en malaxant sa main endolorie tout en avançant péniblement dans le hall.

— Donne-moi ton manteau ! s'époumone encore ce Shrek couleur peau en souriant. On est tellement contents, répète-t-il.

Le père de William est un mastodonte. Grand et massif comme un tronc d'arbre, il n'a pas une once de gras et semble bâti du même béton que le *skate park*. Mais Émily reconnaît les yeux verts et rieurs de William sous les cheveux blonds de la brute.

— Salut ! lance d'ailleurs timidement le principal intéressé derrière le géant tonitruant, avant d'adresser un clin d'œil à Émily.

— Salut, répond-elle, soulagée de voir William, tout en retirant son manteau et ses Sorel.

— Ma femme est dans la cuisine, hurle encore monsieur Beauchamp.

« Hurler doit être son timbre de voix normal », pense Émily.

— Elle a préparé toutes sortes de bonnes choses, poursuit-il au même volume.

« Haut-parleurs intégrés au larynx. »

— Aah, fait Émily en tentant d'avoir l'air à l'aise.

Elle a l'impression de jouer dans un film d'action, s'attendant à ce que le père de William brandisse deux mitraillettes à bout de bras et se mette à les faire tourner dans les airs.

Mais monsieur Beauchamp se contente de sourire, planté comme une tour.

William s'approche d'Émily pour lui donner une bise sur la joue en lui effleurant le dos de la main. Son souffle l'apaise momentanément.

Sa détente est pourtant de courte durée. Elle a les deux pieds dans une flaque de neige fondue, sur le sol de céramique. Ses bas de nylon sont trempés du talon aux orteils.

— William, chuchote-t-elle, j'ai oublié mes souliers.

— Ah, c'est pas grave ! beugle son père qui a entendu. On a plein de pichous ! !

« Des pichous ? »

— Je vais aller te chercher ça ! annonce-t-il en quittant le hall d'entrée, libérant ainsi les deux tiers de ce dernier, soit l'équivalent de cinquante mètres carrés.

— Ça va ? s'enquiert William avec tendresse, un sourire en coin.

Émily se contente de lui rendre son sourire. Elle a la plante des pieds trempée, elle vient de découvrir que Hulk existe bel et bien et elle n'a qu'une chose en tête : savoir ce que veut dire « pichous ». Derrière William, elle voit les branches d'un énorme sapin illuminé.

« L'a-t-il bûché lui-même ? Avec ses mains ? »

— Joyeux Noël, poursuit William doucement.

— Ouais, Joyeux Noël, héhé.

« Joyeux Noël, se répète-t-elle comme un mantra pour s'encourager. Joyeux Noël, joyeux Noël, joye… »

— Tiens ! crie le père de William qui vient de revenir et qui lui tend un assortiment de… de…

« Je vais me réveiller. Youhou ? Génie des cauchemars ? »

Un assortiment de pantoufles de toutes les couleurs, tricotées à la main. Des pantoufles fabriquées en grosse laine brute qui semblent déjà bouffantes alors qu'aucun pied n'a encore daigné s'y loger.

« Et quand le pied est dedans ? » pense Émily en adressant un sourire contraint à monsieur Beauchamp qui semble au dix-huitième ciel avec ses pichous.

— Merci beaucoup ! s'entend-elle dire d'une voix qu'elle ne reconnaît pas tout à fait.

Un mélange de poupée Barbie à piles et de la Miss Univers qui a raflé la deuxième place.

— Quelle couleur tu veux ? demande monsieur Beauchamp.

« Hum. Citrouille moisie ou mur d'hôpital ? J'hésite… »

— Heu… il y a des grandeurs ?

William réfrène péniblement un rire.

— Non, fait son père, étonné. Ce sont des pichous ! C'est *one size*, ça ! Ils sont tous pareils.

Il regarde Émily comme si elle n'avait jamais vu un pichou (ce qui est vrai). Elle s'empresse de joindre ses deux mains ensemble pour s'extasier comme il se doit.

— Wow ! C'est vraiment pratique, alors !

« Je top capote. »

— Viens, dit William en tentant de l'extirper du hall d'entrée et, par le fait même, de cette situation absurde. On les choisira dans le salon.

— Je vais aller avertir Michèle ! lance son père qui ne sait plus quoi faire de tant de bonne humeur dans son cœur.

Émily suit William, tenant toujours son sac plein de truffes et laissant des traces de pieds mouillés sur le carrelage. Celui-ci prend sa main et lui dit à l'oreille :

— Ça va bien aller !

— Oui ! répond-elle avec un aplomb tellement exagéré que même Che Guevara devait être encore moins convaincant en pleine guérilla.

— Tu es magnifique, ajoute-t-il en souriant. Et tu le seras aussi avec des pichous.

Émily lui sourit. Le nœud de muscles qu'elle sent dans son cou est sur le point de disparaître. Mais monsieur Beauchamp vient de surgir de nouveau, accompagné cette fois-ci de sa femme. Celle-ci tient un plateau avec des petites bouchées de composition non identifiée.

— Bonjour, Émily. Bienvenue chez nous ! Un petit baluchon ?

— M'man ! P'pa ! Laissez-la arriver ! dit William.

— Ben oui, Michèle ! s'écrie le père de William, catégorique. Lâche-la un peu. On va s'installer au salon.

— Le champagne est dans le seau !

« Du champagne ? Heu... »

— Je peux te débarrasser de ton sac ? propose Michèle en déposant son plateau argenté.

— Heu... non merci, je vais le garder un petit moment, répond Émily en étreignant le sac de truffes.

« Je vais pas rater mon punch de cadeau, en plus ! »

— Tiens ! fait monsieur Beauchamp en lui tendant une flûte de liquide plein de bulles. C'est pas tous les jours Noël, hein ?

— Hahan, ben non ! répond Émily en prenant la flûte de champagne à contrecœur, tout en riant mécaniquement.

— Papa, Émily n'aime pas beaucoup le champagne, je te l'ai dit tantôt..., lui rappelle William.

— Oh ! Oh ! Oh ! C'est vrai !

« Oh. Oh. Oh. Joyeux Noël ? »

— Excuse-moi, Émily, dit monsieur Beauchamp en reprenant la flûte prestement dans ses mains disproportionnées, menaçant d'écrabouiller l'objet finement ciselé.

« Attention, la flûte !... Tiens, il ne l'a pas brisée en mille miettes. Cristal incassable ? »

— Je pense que je suis trop content que tu sois là ! poursuit monsieur Beauchamp candidement. MICHÈLE ! Apporte du jus d'orange. C'est correct, du jus d'orange ?

— C'est parfait ! l'assure Émily qui commence à avoir une crampe de lèvres à force de sourire artificiellement.

— C'est vrai ! Quand on aime pas quelque chose, on aime pas, reprend le père de William. C'est comme pour Michèle et moi. On haït le chocolat. Personne ne comprend ça, mais on haït ça. Tsé, les truffes, les cocos, les petits fourrés, les gâteaux, les brownies ? Pfuit. Les goûts, hein, ça se discute pas. Ça, c'est sûr. Le chocolat, moi, ça me roule dans la bouche, pis je me cherche toujours une occasion de le recracher sans que ça paraisse ! s'esclaffe-t-il.

« J.E. V.E.U.X. M.O.U.R.I.R… », épelle mentalement Émily.

8.

— Et alors, Émily, comment tu te sens, à quelques jours de devenir une célébrité?

Le père de William s'appuie au dossier de sa chaise, repu, et darde Émily de ses beaux yeux verts.

Émily doit reconnaître que monsieur Beauchamp se révèle finalement être d'une gentillesse extraordinaire. Elle découvre un homme charismatique qui, s'il prend beaucoup de place, donne énormément en échange. Un compliment, un clin d'œil, une attention. Avec lui, elle se sent comme une princesse.

« William tient de son père, pense-t-elle. Mais il tient sa timidité de Michèle ! » complète-t-elle en réfrénant un fou rire.

La mère de William est toutefois une vraie incarnation de la tristesse. Toute la soirée aux fourneaux, un sourire figé sur le visage, une mise en plis digne du temps des brontosaures. Émily sait que William s'inquiète souvent pour sa mère.

« Elle s'ennuie, résume-t-il, parfois. Elle est seule toute la journée dans la maison, et mon père est toujours en voyage. »

Son visage s'assombrit chaque fois qu'il parle de sa mère.

— Je suis nerveuse, monsieur Beauchamp. Très nerveuse, en fait, répond Émily avant de prendre une dernière bouchée de bûche à la vanille.

Le repas était excellent. Et au grand bonheur d'Émily, il n'y a pas eu de dinde, mais un osso buco. Il est donc presque facile de croire que ce n'est pas un « repas de Noël » avec tout ce que ça implique. Quoique sur la cheminée, une douzaine de petits santons de Noël, alignés les uns à côté des autres, s'emmerdent ferme.

— Émily ! Ça fait quinze fois que je te le dis ! jappe le père de William avant de secouer la tête exagérément. Appelle-moi Marc, pour l'amour du saint ciel. Lâche-moi le « monsieur » !

Elle rit.

— Scusez… monsieur… heu… Marc.

— En tout cas, mon gars, tu as une perle entre les mains. C'est moi qui te le dis. Quand elle sera dans le show-business, il faudra garder un œil dessus !

— Papaaaa, fait William, découragé devant la familiarité de son père.

— Non mais, c'est vrai ! Une perle !

Émily rosit de plaisir. Finalement, elle passe une soirée beaucoup plus agréable que prévu. Même chaussée de pichous.

— Je te sers un autre morceau de bûche ? demande Michèle, spatule en l'air.

— Non merci ! répond Émily. C'était délicieux, mais là, si je continue, je vais éclater.

— Il faudrait pas ! s'exclame Marc en frappant sur la table et faisant par le fait même sauter de huit pieds toute la vaisselle. Bon, ben, c'est le temps des cadeaux, les enfants ! ! !

— OUI !

— OUI !

« Nooooon ! »

Toute la famille quitte la table du même élan. Émily se dirige, la mort dans l'âme, vers son sac de truffes. Heureusement, tout au fond du sac, il y a aussi l'écrin dans lequel se trouve la montre de William.

— Michèle ! Laisse faire la vaisselle ! C'est les cadeaux ! crie Marc, déjà rendu au salon.

— Oui, oui, fait la voix atone de sa femme qui résonne de la cuisine.

— Je vais aller la chercher, sinon elle est capable de rester toute la soirée devant l'évier ! ajoute Marc avant de s'éclipser.

William intercepte Émily discrètement dans un coin.

— Tu survis ?

Émily se colle contre lui sans répondre. Les amoureux restent ainsi quelques secondes, profitant de ce moment d'intimité.

— Mon père est épuisant, je sais. Mais c'est juste qu'il est content, dit William.

— Il te ressemble, répond Émily, le nez dans son cou.

— C'est la première fois qu'on me dit ça !

— Il est gentil.

— Et toi, tu es très belle, rétorque William. Surtout avec tes pichous. Ça te donne un petit genre, je te jure.

— T'es nono.

— La seule chose… Je trouve qu'il te manque un bijou.

— Tu n'aimes pas mes boucles d'oreilles ? demande Émily, étonnée.

— Je les adore ! Seulement, il n'y a rien dans ton cou. Ça fait un peu… nu.

Émily plisse le nez.

« Non mais ! Tu parles d'un compliment de Noël ! »

William semble se trouver très drôle, mais Émily est vexée.

« C'est top bête de dire ça ! ! »

— Eh ben, marmonne-t-elle en se détachant de lui, toi, ce qui te manque, c'est un peu de romantisme !

— On les déballe, ces cadeaux ? s'écrie monsieur Beauchamp d'une voix assourdissante en revenant au salon, sa femme au bras, empêchant William d'avoir la chance de s'expliquer.

Tous s'assoient devant le sapin illuminé. Émily boude. La soirée est gâchée à cause de la remarque indélicate de William. Elle croise ses jambes avec fureur et porte machinalement la main à son cou.

« Franchement ! Mon cou n'est pas nu du tout. Il est classique. »

— On va commencer avec toi, fiston. Tiens ! dit Marc en tendant une enveloppe à William.

« Une enveloppe ? Quel genre de cadeau de Noël met-on dans une enveloppe ? » se demande Émily, intriguée.

William la décachette précautionneusement.

« Il sait pas déchirer, lui ? » pense Émily avec humeur.

Après mille ans de silence et d'embarras familial (père et mère figés et souriants, Émily en attente sur son divan), William retire finalement une feuille de l'enveloppe et la lit en silence. On pourrait entendre la fée des malaises voler. Mais, peu à peu, son visage s'illumine. Il regarde enfin ses parents, visiblement abasourdi et se met prestement debout.

— Vous êtes sérieux ?! s'exclame-t-il enfin, la feuille dans les mains.

« Wow ! Une phrase ! »

— Oui, mon gars. Tu travailles bien à l'école. Je suis fier de toi. Tu le mérites amplement, annonce Marc qui se lève à son tour et qui semble tout fier de son coup.

Michèle, quant à elle, reste bien sagement assise, un sourire gravé sur le visage.

— Merci !!! fait William, qui tombe dans les bras de son père.

— Hum… c'est quoi ? demande Émily qui se sent exclue.

— Regarde ! Regarde ! répond William en se détachant de son père et en lui tendant la feuille.

Au début, Émily ne voit rien. Il s'agit d'une simple feuille imprimée. Elle lit les mots « aéroport », « vol », « assurance », « soute à bagages » et puis… « Hawaii ».

— Heu…, lâche-t-elle en regardant William.

« QUOI ? ? ? »

— Tu pourras aller prendre les plus belles vagues du monde, mon gars ! dit son père.

— Je m'attendais pas à ça, c'est fou ! s'exclame William, visiblement heureux.

TRÈS heureux.

Il va partir. Bon, en voyage, certes. Pas pour toujours. Mais juste l'idée d'être séparée de lui brûle Émily comme un jet de vapeur. Le pire, c'est que William ne semble pas trouver douloureuse la perspective d'être séparé d'elle.

William et son père décrivent l'endroit idéal pour faire du surf, la taille des vagues, l'inclinaison, la force du vent. Émily garde les yeux fixés sur le mot « avion » jusqu'à ce qu'une évidence la frappe comme un gant de boxe.

« NON ! PAS UN AVION ! ! ! Il ne PEUT PAS prendre un avion parce que… parce que… parce que je lui donne une MONTRE ! ! ! Une MONTRE ! ! ! OH, MON DIEU ! »

— C'est à mon tour de donner un cadeau, dit alors William en tendant une petite boîte bleue à Émily.

Celle-ci est figée de stupeur par sa découverte. William va mourir. Dans un crash d'avion. Elle doit trouver un moyen de ne pas offrir la montre. Mais comment faire ? Lui donner les truffes ?

« Oh, mon Dieu ! C'est une catastrophe »

« *Ooooh sometiiiiiiimes* », fait le cellulaire d'Émily au même moment.

— Qu'est-ce que c'est que ça ? demande Marc.

— C'est… heu… c'est…, balbutie Émily en voyant « EMMA » sur l'afficheur.

« C'est vrai ! ! ! J'ai complètement oublié de l'appeler ! OH ! MON ! DIEU ! »

William a toujours la petite boîte bleue dans les mains et regarde Émily avec étonnement.

« Je DOIS prendre cet appel ! se dit Émily. J'ai top besoin d'un conseil ! »

— Heu… c'est Emma, et… heu… je lui avais promis que… je…

William éclate de rire.

— Ben oui, prends l'appel, c'est pas grave. C'est notre amie ! ajoute-t-il à l'intention de ses parents.

Michèle fronce les sourcils, mais ne dit rien. Marc hoche la tête d'un air entendu.

— Allooooo ? lance Émily, au comble du désespoir, alors que toute la famille Beauchamp la regarde.

— Pis ? Pis ? Pis ? ? fait la voix excitée d'Emma au téléphone.

— Heu…, répond Émily qui aurait envie de s'écrier: « Ça ne va pas bien DU TOUT. »

— Tu peux pas parler? Utilise le code! rappelle Emma. La dinde! Est-elle exquise ou juste bonne?

« LE CODE! Oh mon Dieu! Le code! Mais il n'y a pas eu de dinde!!! »

— Hihihi, dit pourtant Émily pour sauver la face devant ses beaux-parents et gagner quelques secondes de réflexion.

« La dinde est dégueulasse! Pourrie! Vomi! »

— Émily? répète Emma.

— Oui, oui. Je ne peux pas, héhéhé, lâche Émily en souriant à tout le monde.

— Tu ne peux pas faire quoi? l'interroge Emma.

— Je ne peux pas, je te dis, héhéhé.

— Hein?

— C'est comme je te dis, héhéhé.

Marc regarde Émily et fait lui aussi « héhéhé ».

« Mon Dieu, s'il savait! »

— Je comprends rien! s'impatiente Emma. Utilise le code, Émily!

« Comment introduire le mot "dinde"?!!! Dinde-dong? Cochon dinde? »

— Bon ben, je te laisse, là, parce que c'est le moment des cadeaux! dit Émily en sentant sa seule et unique chance d'avoir un peu de soutien s'évaporer.

— Émily ? Tu as oublié le code ? C'est avec le mot « dind...

« Clic. »

Émily coupe la communication et sourit à la famille Beauchamp.

— Elle vous fait dire joyeux Noël !

William regarde Émily, les yeux rieurs. Il a évidemment compris que quelque chose ne tournait pas rond et semble bien s'en amuser.

— Déballe ton cadeau, Émily, dit-il en lui tendant de nouveau la petite boîte bleue.

À contrecœur, Émily dénoue le ruban de satin. Sur un petit coussin au fond de la boîte, il y a une chaîne en argent délicate, au bout de laquelle brille un petit pendentif en forme de note de musique.

Le bijou est si ravissant qu'Émily a envie de se frotter les yeux pour être sûre d'avoir bien vu.

— OH ! s'exclame-t-elle sous l'effet de surprise.

Elle n'a jamais rien vu d'aussi beau. Elle porte la main à sa gorge. C'est donc pour cela que William a parlé de la nudité de son cou. Et elle qui n'a plus de cadeau pour lui...

— William..., fait Émily en sentant les larmes lui monter aux yeux, je...

— Est-ce que je te le mets?

— Heu… oui… mais…

— MICHÈLE! hurle Marc en se levant subitement. Il faudrait aller faire du café! Je vais y aller avec toi! ajoute-t-il en faisant un clin d'œil aux adolescents et en poussant gentiment sa femme dans le couloir. On va les laisser tranquilles un peu. Viens.

En levant sa tresse pour que William puisse manipuler le fermoir du bijou dans son cou, Émily n'en peut plus et éclate en sanglots.

— Qu'est-ce qui se passe? demande William, inquiet.

— C'est… ma… ma… magnifique, Will.

— C'est pour ça que tu pleures? Avoir su, j'aurais acheté un crayon pousse-mine Darth Vader à la place! déclare-t-il en souriant.

— Ben non! dit-elle en reprenant un certain contrôle sur ses émotions. C'est la soirée. C'est une catastrophe!

— Pourquoi tu dis ça? s'étonne-t-il.

— J'ai acheté des truffes à tes parents! Ils sont tellement gentils! Pis, moi, j'ai acheté du chocolat et ils détestent ça!

William rit.

— Mais c'est pas grave!

— C'est pas tout! poursuit Émily à travers ses larmes. Je t'ai acheté une montre! Une montre! Pis Édith Piaf, elle donnait des montres. Et ses amoureux faisaient des crashs d'avion après. BANG. Pis Édith Piaf, c'était une chanteuse, et moi aussi. Pis toi tu vas prendre l'avion, pis…

— Attends, attends, l'interrompt William en prenant une mèche de ses cheveux entre ses doigts. Tu as peur qu'on fasse un crash d'avion à cause d'une montre?

— Pas nous. Toi! Parce que je te donne une montre et…

— Parce que si l'avion s'écrase, moi je meurs pis pas toi?

— Ben non, pas moi! Qu'est-ce que tu dis là? demande Émily en essuyant une larme.

— Émily. Je pense que t'as mal lu la feuille, fait William en souriant tendrement. Premièrement, l'avion ne tombera pas. Et deuxièmement, si l'avion tombe, on tombera tous les deux, puisque mes parents ont réservé quatre billets.

— Quatre?

— Oui, répond William. Dont un pour toi.

9.

— À Hawaii ? dit Emma en sautillant sous la neige.

— OUI !

Émily et son amie se dirigent vers le Débarras Café. Emma a promis de travailler au café-boutique quelques heures pendant les vacances de Noël.

— Mais comment tu vas faire avec la téléréalité ? demande-t-elle en secouant ses mitaines.

— Le voyage, c'est pendant la semaine de relâche. StarAcAdo va être finie. Et la tournée sera pas commencée. Top parfait comme timing !

— C'est musti romantique, en tout cas. Hawaii ! Les noix de coco, les jupes en paille !

— Les jupes en paille ! Hahahaha ! J'avais pas pensé à ça, réplique Émily en pouffant.

— Hihihihihihihi !

Elle pousse la porte du café.

— Salut ! lance Emma.

— Ah, les filles ! s'écrie Alain, occupé à essuyer le comptoir. Je commençais à me demander si vous aviez préféré faire les soldes de Noël et encourager la surconsommation.

— T'es fou ? répond Émily. Les magasins doivent être bondés aujourd'hui.

— Bondés d'irresponsables qui gaspillent à tort et à travers pour le bénéfice des banques qui…

— Je voudrais goûter à ton super lait de poule ! fait Emma, coupant court aux revendications d'Alain.

Celui-ci a revêtu un bonnet de Noël mauve et une large cape assortie.

— C'est quoi, l'idée, Alain ? l'interroge Émily en pointant sa cape du doigt. T'avais pas de tissu rouge ?

— Jamais je ne m'abaisserais à m'habiller en père Noël ! C'est un odieux capitaliste. Tu sais que l'image du père Noël appartient à Coke ?

— Heu…

— T'es déguisé en saint Nicolas ? demande Emma.

— Exactement.

— C'est un père Noël qui donne moins de cadeaux, genre ? dit Émily avec un sourire en coin.

— Ouais.

— Je t'ai pourtant déjà vu avec un bonnet rouge dans le temps des fêtes…

— Je me suis ouvert les yeux depuis.

Émily éclate de rire. Depuis qu'il ne voyage plus et qu'il tient un café, Alain a canalisé son côté aventurier et s'est épris des grandes causes. C'est comme ça qu'il appelle ça : « les grandes causes ». En bref, Alain est devenu un militant infatigable, ses combats allant du sauvetage des bébés épinards au respect des pieds de lampadaires. Dans sa bouche à lui, tout est « scandaleux ».

— J'ai besoin d'aide au café, Emma, poursuit Alain sur un ton plus léger. J'ai des commandes de traiteur. Des gens sont venus me demander des plateaux de tapas pour ce soir. Il faudrait me monter tout ça, que ce soit joli.

— À ton service, Karl Marx.

— Qui ? lance Émily.

— Oh, c'est une blague de militant, répond Emma. Tu peux pas comprendre.

— Quoi ? Je suis militante, moi aussi ! J'ai déjà participé à la journée des oiseaux qui tombent du ciel, tu sauras. J'y ai même chanté. Tu te rappelles ?

— Oui, oui, t'es une artiste engagée, c'est sûr, blague Emma en se dirigeant vers la cuisine.

« Quoi ? Je suis si superficielle que ça ? »

— Et je sais qui est Karl Marx ! martèle Émily.

— Ah oui ? C'est qui ? fait la voix malicieuse d'Emma depuis la pièce adjacente.

— C'est le gars, là, tsé, le militant, celui qui milite, là.

— Émily..., soupire Alain en secouant la tête de découragement.

« Ben quoi ? C'est pas ça ? »

Émily s'assoit devant Alain avec sa tasse de lait de poule. On entend Emma farfouiller dans le frigo.

— T'as vu ? demande Alain, enjoué. J'ai broyé du piment dedans. Les Mayas faisaient ça dans le chocolat. Comment tu trouves ça ?

— Top, répond Émily qui n'a toutefois pas encore goûté.

— Stressée pour demain ?

— Ouais, soupire-t-elle.

La vérité, c'est que la première journée pré-gala de StarAcAdo la terrifie. Émily se meurt d'angoisse, tout en ressentant un bonheur indicible à la perspective de s'y présenter. Bref, c'est plutôt confus dans son esprit.

— Tu feras sensation dès les premières minutes! prédit Alain.

— Quoi?

— À l'Académie. Je sais que tu vas te distinguer des autres très rapidement.

— Eille! Tout le monde me dit d'être moi-même! Mélange-moi pas!

— Mais c'est exactement ce que je dis! insiste Alain. Tu es pétillante dans la vie, Émily. Et c'est ton meilleur atout. Ne perds pas ta joie, c'est tout. C'est facile d'oublier qui on est, dans ce milieu. Crois-moi.

« Je suis pétillante, moi? »

— Sais-tu qui sera là? poursuit Alain.

— Zéro miette! À part Jérémie et Kumba, je n'ai eu aucune nouvelle des autres. Je vais savoir tout ça demain, j'imagine.

— J'ai musti hâte de te voir à la télé, moi! lance Emma du bout du comptoir, s'affairant au-dessus d'un amas de pâte filo.

— Emma! Tu pourrais faire autre chose que des bouchées coréennes! dit Alain. Il y a d'autres sortes d'amuse-bouches dans la vie.

— Ouais! s'exclame Émily avec entrain. La mère de William avait fait des petits baluchons. C'était top bon. Avec du jambon pis...

— Ah non ! Pas du jambon, proteste Alain. Il y a des nitrites là-dedans. C'est scandaleux.

— Je suis le chef ou je ne suis pas le chef ? demande Emma en mettant ses mains sur ses hanches.

— T'es le patron, patron, répond Alain, et Emma retourne à sa pâte filo.

— C'est sûr que j'ai hâte de voir qui a été choisi, poursuit Émily en prenant une gorgée de lait de poule avant de la recracher sur le comptoir. AAAAAAAAH, Alain ! Pouark ! Qu'est-ce que c'est que ça ?

— Pouark ? fait Alain. T'as vraiment dit « pouark » ?

— Qu'est-ce qu'il y a dans ton lait de poule ? lui lance Émily en grimaçant.

— Ben, je te l'ai dit tantôt. Du piment.

— Comme les Mayas, répète Emma, les yeux toujours baissés sur son plateau.

— Heu… lâchez les Mayas si vous ne voulez pas faire faillite, dit Émily, la main sur la gorge.

Sous ses doigts, la note de musique en argent valse doucement.

— On peut pas faire faillite, réplique Alain, excité. La future vedette de StarAcAdo va venir chanter dans mon commerce !

Émily lorgne la petite scène aménagée pour elle dans un coin du café. Elle était si heureuse lorsqu'elle l'a vue pour la première fois ! Aujourd'hui, elle se demande si elle retrouvera un jour cette joie toute simple : chanter pour ses amis.

— T'es encore partante, hein, Ém ? demande Emma, inquiète du silence soudain de son amie.

— Appelle-moi pas Ém ! Ben oui, j'ai des jours de relâche aux deux semaines. C'est sûr que je vais être ici ces journées-là.

— Oh, je t'ai pas dit ! ajoute Alain en lui donnant une petite tape sur l'épaule. Ma cousine nous donne son piano ! Il sera livré la semaine prochaine. Francis est tout énervé. Il est venu hier et il a vraiment hâte de faire des duos avec toi.

— Ça va être musti génial !

« Oh. Mon. Dieu. »

Émily pique du nez dans sa tasse. Elle lui a carrément volé sa chanson pendant les auditions. Il faut à tout prix que ça reste secret. Pas question, donc, de le dire à qui que ce soit.

— Il affirme qu'il t'a appelée plusieurs fois depuis des jours pour te féliciter mais qu'il arrive pas à te joindre, déclare Alain.

— Ah ? dit Émily, cachée dans son lait de poule au piment.

— C'est trop musti fameux, continue Emma en s'activant sur ses bouchées. Kumba,

Jérémie et toi à la télévision. Je vais connaître trois vedettes ! Oh, j'ai hâte de savoir qui sont les autres !!!

— Personne ne m'a appelée, ni Kathryn, ni Nathan, ni personne, déplore Émily.

— Tu les as pas appelés toi non plus, rétorque Emma.

— C'est vrai, admet Émily. J'avais peur de leur réaction. Je pense pas que Minh Tri soit passé, par exemple. Ça va être top triste, finalement. Mais Kathryn a peut-être été choisie. Nathan aussi. Et même Sarah-Jeanne, je…

— Saaaaarah-Jeanne, se met à chanter Alain. Ô Saaaaaarah-Jeanne, le destiiiiiiiiin, le destiiiiiin devant touaaaaaaaa.

— Heu… c'est quoi, ça ? demande Émily alors qu'Emma hausse les sourcils.

— Saaaaaarah-Jeanne, poursuit Alain. Ô Saaaaaaarah-Jeanne, et demaiiiiiiiiin, demaiiiiiiiiiin des millieeeeers de voiiiiiix quiiiiii…

— Heu… Alain ? Qu'est-ce que tu chantes ?

— Ben voyons ! Vous connaissez pas ça ? Saaaaaaaarah-Jeanne, ô Saaaaa….

— Hahahahahaha ! Drôle !

— Ça me dit quelque chose, fait Emma en se frottant le nez, y laissant une trace de farine. Je pense que mes parents connaissent ça.

— C'est ÉVIDENT que tes parents connaissent ça. C'était un gros hit à l'époque, affirme sentencieusement Alain.

— Oui ! C'est du Pierre Biain, hein ? lance Emma en souriant.

— Oui ! ! Le meilleur chansonnier qu'on a connu, répond Alain en s'emportant. Il avait trouvé une façon d'écrire des chansons qui…

— Ah oui, on le sait ! dit Émily qui a entendu sa mère citer Pierre Biain durant toute son enfance. Si c'est du Pierre Biain, alors c'est géniaaaaaal, singe-t-elle.

— Bien sûr que c'est génial ! Un grand chansonnier, répète Alain, songeur. Et cette chanson, c'était une ode à son bébé qui venait de naître. Saaaaaaarah-Jeanne, ô Saaaa…

— Ah non, tu vas pas recommencer ! C'est insupportable !

Tous trois éclatent de rire.

« Pauvre Sarah-Jeanne qui porte ce nom ! Mais… mais… »

Émily lève la tête, saisie d'une idée complètement folle. Et si…

— Il a composé cette chanson en l'honneur de sa fille, dis-tu ?

— Oui. Saaaaaarah-Jeanne…

— C'était en quelle année, ça ?

— Heu… ben… il y a… je sais pas moi… quinze ans, quelque chose comme ça.

« OH. MON. DIEU ! »

Biain. Aux ateliers de StarAcAdo, elle a trouvé le nom bizarre sans jamais faire le lien : elle connaissait déjà un Biain. Pierre Biain. Le chanteur populaire que « tous les vieux » aiment, mais qui a complètement disparu de la scène musicale depuis des années.

Sarah-Jeanne est la fille de Pierre Biain ! Voilà pourquoi Mark Bonin a eu un si drôle d'air en entendant son nom. Sarah-Jeanne Biain ! Saaaaaarah-Jeanne… BIAIN.

— Alain, dit gravement Émily. Mon amie Sarah-Jeanne… son nom de famille, c'est Biain.

— Hahahahaha ! Elle est bonne.

— Non, sérieusement.

— Quoi ? fait Emma.

— Tu rigoles ? lance Alain.

— Sarah-Jeanne Biain. C'est son nom.

Alain devient tout blanc. Emma trotte jusqu'à eux, les yeux brillants.

— T'es sûre, Émily ? demande-t-elle.

— Tout à fait.

— MUSTI COOL ! ! !

— Tu connais Sarah-Jeanne Biain ? s'extasie Alain, le regard hagard.

— Alain ! Reviens-en !

— Sarah-Jeanne Biain !

— Youhou, Alain ?

L'oncle d'Émily répète le nom de la jeune fille en s'affalant sur le comptoir.

— Sarah-Jeanne Biain. T'es amie avec Sarah-Jeanne Biain !

— Heu… ça va, Alain ?

— Vous comprenez pas ! Pierre Biain… c'est mon idole ! Je vis pour Pierre Biain !

Émily et Emma se regardent, ébahies, avant d'être prises d'un énorme fou rire.

— Pierre Biain est le Justin Bieber d'Alain, pouffe Émily.

— Sarah-Jeanne Biain va venir dans mon café, souffle Alain, les yeux dans le vague.

Et Émily et Emma rigolent, pendant que dans le four les bouchées coréennes commencent doucement à prendre une couleur dorée.

J'irai quand même là où y a plus que l'horizon.
Où y a de quoi chavirer
Et se faire pêcher par les poissons.

— Chantal Archambault, *La barque*

10.

— Émilyyyyyyyyyyy ! crie Kumba du fond de la salle en courant vers elle.

— Kumbaaaaaaaa ! fait Émily en se jetant dans ses bras. Oh, mon Dieu, Kumba, je top capote !

— Je te l'avais dit, qu'on serait là toutes les deux ! Je te l'avais dit ! Je te l'avais dit !

Les deux adolescentes sautent sur place en se tenant l'une contre l'autre. Émily est tellement nerveuse qu'elle a l'impression d'avoir avalé par erreur le sac de grillons vivants qu'elle a acheté pour Pearl finalement baptisée Ann2 pour des raisons affectives.

En entrant dans les studios, elle a eu un coup au cœur. Il n'y a pas si longtemps, elle était là pour les ateliers d'auditions. Et maintenant…

Et maintenant…

— Viens ! Petit poil est là ! Kathryn aussi !

— C'est vrai ? s'écrie Émily.

Elle suit Kumba en direction du coin où ses amis célèbrent leurs retrouvailles.

— Il y a aussi le gros musclé. Tu sais de qui je parle ?

— Non !

— Celui qui a l'air gonflé comme un matelas pneumatique.

— Ah, je pense que je sais, dit Émily avec un fou rire.

— Il est là, lui aussi, et…

— Salut, la star ! l'interrompt Nathan en frappant gentiment l'épaule d'Émily.

— Coooool ! Émily ! s'exclame Kathryn en guise de bienvenue. Je pouvais pas croire que j'étais choisie quand j'ai reçu ma lettre ! ! Et vous ?

— C'est drôle, on s'est pas appelées pour savoir, déclare Émily en rougissant.

— Ben, j'osais pas, se défend Kathryn. Je n'ai appelé personne, en fait.

— Moi non plus, ajoute Nathan.

— C'était top gênant, tsé, poursuit Émily. Au cas où…

— Ouais.

— Mais l'important, c'est qu'on est tous là ! intervient Kumba avec enthousiasme.

— Ben là, Kumba ! Il manque Minh Tri. Et Sarah-Jeanne aussi ! tempère Émily.

— Ils ont encore le temps d'arriver, fait Nathan en regardant sa montre. Il y a de l'espoir.

— Hé ! Vous saviez que Sarah-Jeanne est la fille de Pierre Biain ?

— Hein ? !

— Ben oui ! Tsé, la chanson… Saaaaaaarah-Jeanne, ô Saaaa…

— Oui, j'avais deviné pendant les ateliers, répond Kumba de sa belle voix grave.

— Wow ! J'avais pas fait le lien, moi, dit Kathryn. Elle nous l'a bien caché.

— Je pense qu'elle ne devait pas vouloir qu'on sache, suppute Émily en jetant un coup d'œil aux alentours. Elle est déjà tellement gênée…

« On est top pas nombreux ! » pense-t-elle en regardant la grande salle vide.

Assise par terre, la fille tatouée qui a crié tout le long de sa chanson finale lace ses souliers, avec sa frange coupée à la Jessie J. Émily se doutait bien qu'elle serait là.

« Originale + voix puissante + tatouages = bien sûr ! »

À ses côtés, il y a le Brésilien qui a eu la meilleure évaluation en danse. Il porte son éternel pantalon de rappeur et sa boucle d'oreille en argent.

« Quel est son nom, déjà ? Ariel ? Kamel ? PetitMiel ?... Ah non, ça, c'est le chien de Nathan. »

Et à côté d'eux, il y a effectivement « le musclé ».

« Ses bras et ses mollets, on dirait des jambons. Top affreux. »

Dans un autre coin de la salle, Émily remarque le petit blond qui a l'air d'un ange, avec ses cheveux bouclés et sa bouche toute rouge.

« C'est pas celui qui a chanté du Bach, ça ?... Oh. Mon. Dieu. Ils ont pris le minus qui chante du Bach ? »

— Salut ! Je m'appelle Thomas. Je peux me joindre à vous ? demande un autre garçon en s'approchant, faisant sursauter Émily.

Le nez de cet adolescent frisé, grand maigre à lunettes, rivalise avec le mont Saint-Hilaire. Émily le reconnaît : durant les auditions, il l'a félicitée pour sa performance de gospel.

— Salut, fait Kumba en tendant la main. Je me souviens de ton audition finale. C'était cool, mec.

— Merci, répond Thomas.

— Ah oui ! Je m'en souviens aussi, dit Kathryn en lui tendant la main à son tour. Tu as fait le truc, là, la chanson sur les filles !

— Oui, ça s'appelle *J'aime les filles.* C'est de Jacques Dutronc, précise Thomas.

— Ouais ! ! Très drôle ! s'exclame Émily. Tu avais l'air d'un vrai séducteur ! C'était une top bonne idée étant donné que…

« … que tu es un peu… laid ? poursuit intérieurement Émily, qui s'autocensure immédiatement. Oh, mon Dieu ! Mais qu'est-ce que je suis en train de dire là ? ! »

— Que… que…, balbutie-t-elle pendant que l'air autour s'épaissit comme de la mélasse.

— Que j'ai un gros nez ? Que je suis maigrichon ? Que j'ai des lunettes ? Toutes ces réponses ? rétorque Thomas, rieur. Non, non, c'est pas pour ça que j'ai choisi cette chanson. C'est parce que j'ai un très gros grain de beauté sur une fesse. Super sexy.

Les amis d'Émily éclatent de rire. Nathan lui assène une claque dans le dos qui le projette presque par terre. Thomas vient d'être intronisé dans le groupe, et tout le monde rit de bon cœur.

Thomas : Un.

Émily : Zéro.

— Regardez, dit alors Kumba en faisant un signe de tête vers l'entrée de la salle.

Amanda vient d'entrer, vêtue d'un simple survêtement de sport Adidas, les cheveux savamment noués en une queue de cheval haute.

— Veux-tu me dire pourquoi, même en pantalon de jogging, elle a l'air d'une star de *People* ? rage Kumba.

— J'espérais qu'elle ne serait pas là, marmonne Nathan, désolé.

— Oh non…, souffle Émily.

— On devra vraiment habiter avec elle ? ajoute Kathryn, découragée. Dans la même maison qu'elle ?…

— À moins qu'elle soit éliminée pendant le gala.

— Tu peux toujours rêver.

— Même si elle est éliminée, elle va habiter avec nous les fins de semaine, déclare Nathan. Oubliez pas que les éliminés reviennent toutes les fins de semaine pour les chorégraphies de groupe.

— Du vendredi au dimanche avec Amanda, c'est déjà trop. Imaginez tous les jours ! ! ! fait Émily.

« Oh, mon Dieu ! Une torture médiévale ! Le supplice de la goutte ! »

Dans un cours d'éthique, Émily a appris ce qu'est le supplice de la goutte. Il s'agit d'attacher quelqu'un sous une goutte d'eau qui tombe pendant des heures sur sa tête. Goutte après goutte après goutte. Il paraît que la personne devient complètement folle.

Mais même le supplice de la goutte lui semble une partie de Wii à côté de la perspective de vivre au quotidien avec Amanda Ellis.

— Je prendrais mille fois la goutte !

— Quoi ?

— Je me comprends.

— Nous, il ne faut pas se faire éliminer ! affirme Kumba en tendant les mains vers ses amis. Il faut rester ensemble ! On se fait cette promesse ?

— Kumba, c'est idiot, ce que tu dis ! Il n'y aura qu'un gagnant de toute façon ! répond Nathan.

— Tu sauras, mon petit poil, que je ne dis jamais rien d'idiot, riposte-t-elle.

— Petit poil ? répète Thomas en riant.

— Laisse tomber, fait Nathan.

— Mais c'est vrai, Kumba ! renchérit Kathryn en secouant sa magnifique chevelure rousse. On ne peut pas nier les règles.

— Non, Kumba a raison, intervient Thomas. Qui dit qu'on ne peut pas changer le cours des choses ? On peut les forcer à changer le fonctionnement de l'émission ! Après tout, c'est nous qui faisons le show !

— Oui, mais…

— Exactement, acquiesce Kumba, tout sourire.

— Nous gagnerons tous ensemble ! lance Thomas.

— D'accord. Nous gagnerons ! dit Émily en levant le bras.

— Nous gagnerons !

— Nous gagnerons !

— Oui !

Le petit groupe exalté attire l'attention des autres candidats avec ses cris enjoués. Dans l'entrée, l'adolescente un peu grassette qui a la voix d'Adele vient d'entrer. Elle a encore un décolleté très plongeant et affiche un air de défi. Puis, derrière elle, Émily aperçoit le regard bleu de Jérémie.

« Ça y est. Nous sommes douze, pense-t-elle avec un frisson. StarAcAdo, c'est nous… »

11.

— Bonjour à vous et félicitations ! lance madame Mignault avec un sourire qu'Émily trouve aussi séduisant que celui de la murène du Biodôme. Vous faites maintenant partie de la grande famille de StarAcAdo !

Les douze candidats ainsi que les membres de l'équipe applaudissent, assis sur des chaises en cuir autour d'une longue table en bois massif. Devant eux sont posés des plateaux de fruits et de fromage, et de petites boîtes de jus.

« OK. Opération PÉTILLANT », songe Émily en se rappelant le commentaire qu'a fait son oncle à son sujet.

— Nous sommes actuellement dans la salle de réunion du conseil des studios Inter 3, poursuit Mignault en faisant voler ses mains aux ongles manucurés au rythme de ses mots.

Émily reconnaît la couleur de vernis, rose sauvage. Elle a la même. Mais, sur des ongles grugés, c'est beaucoup moins joli.

« Il faut absolument que je cesse de ronger mes ongles ! » se dit-elle en en portant un à sa bouche par réflexe.

— C'est ici que se prennent les décisions administratives, continue Mignault. Peu de gens ont eu la chance de s'asseoir à cette table, vous savez.

— Poil au nez ! lâche Émily en souriant, avant de réaliser que tout le monde la regarde d'un drôle d'air.

« Ben quoi ? C'est pas pétillant ? »

— Qu'as-tu dit, Émily ?

— Heu… je… rien, bafouille-t-elle, agonisant de honte.

« Pas pétillant du tout. »

— Vous pouvez vous servir en tout temps sur les tables si vous avez soif ou faim, reprend Mignault en pointant les victuailles du doigt.

— Quand l'appétit va, tout va ! chantonne Émily tout bas.

Elle a choisi de ne pas pétiller trop fort, au cas…

— Pardon, Émily ? fait Barbery.

— Qu'est-ce que t'as à marmonner ? lui chuchote Kumba à l'oreille.

— Heu… merci ? Merci ! Pour tout ça, dit Émily, confuse.

« Ce que je suis PÉTILLANTE ! ! ! se morfond-elle. J'ai juste l'air de l'épaisse qui marmonne. »

Le Musclé pose alors sa grande main sur une poire avant de la retirer, gêné, voyant qu'il est le seul à avoir fait un geste. Tous s'esclaffent avant de se servir les uns après les autres. Seuls Amanda et l'angelot s'abstiennent, l'une avec un air hautain et l'autre avec une gêne évidente.

« Quoi ? Amanda est au régime en plus ?… Et quel âge peut avoir l'angelot ? Huit ans, max ? »

— On peut faire des provisions pour la journée ? demande Jérémie en faisant mine de partir avec un gros panier plein de viennoiseries au chocolat.

— Hahahaha !

« Pourquoi il réussit, lui, à être pétillant ? »

— Tu peux avoir tout ce que tu veux ici, Jérémie ! Même la victoire ! dit un homme inconnu, assis dans un coin de la salle.

Jérémie jette un regard surpris au type qui vient de parler.

— Je pense qu'il est temps de vous présenter notre équipe, commence Barbery. Vous connaissez déjà madame Brigitte Mignault, et moi-même, Simon Barbery, directeur de l'Académie.

Émily a une pensée pour madame Gentilly qui serait probablement outrée de voir Barbery, son ancien élève, se prendre autant au sérieux.

« Directeur de mon postérieur », a dit madame Gentilly quelques jours auparavant, ce qui a bien fait rire Émily.

Quand madame Gentilly parle de l'Académie, elle devient totalement une autre personne. Exit la bourrue. Puis son professeur se met chaque fois à dire des choses sans queue ni tête. Au dernier cours, elle l'a même appelée Yvonne.

« Yvonne, tsé ! Si seulement elle pouvait redevenir comme avant, bourrue et non sénile », se désole Émily.

— Vous retrouverez également vos professeurs plus tard dans la journée : monsieur Mark Bonin, madame Madeleine Aubin et monsieur Bastien Sajous. Vous en découvrirez aussi des nouveaux en cours de route et…

— AAAAAAAH ! s'écrie soudain Kumba, coupant le directeur.

— Que se passe-t-il ? demande Mignault qui a sursauté.

— Non… rien ! Je me suis arrosée avec mon jus ! J'ai trop pressé la petite boîte, et le jus est sorti par la paille ! Pardon. Scusez.

— Hahahahahahaha !

Le rire du Musclé a l'air aussi idiot que ses mollets en boule. Il n'y a que l'angelot blond qui reste sérieux comme un pape et Amanda qui hausse un sourcil épilé.

Le regard de Jérémie croise alors celui d'Émily.

« Je connais ton secret », semble-t-il lui dire.

« OH. MON. DIEU », pense Émily, sentant la sueur couler entre ses omoplates.

Elle serre les poings sous la table. Elle est certaine que Jérémie prendra la parole pour annoncer haut et fort qu'il a quelque chose à dire.

Mais il se contente de lui sourire et baisse les yeux.

« Ouf ! ?… »

— Nous pouvons continuer, Kumba ? demande Mignault avec son drôle d'accent pointu.

— Oui, oui, répond la jeune fille, gênée.

— Je vous présente donc les producteurs : monsieur Kenzie, monsieur Berval et madame Sansoucy.

— Nous sommes très heureux de vous rencontrer, déclare le dénommé Kenzie en faisant pivoter sa chaise de droite à gauche. Nous vous avons suivis dans l'ombre depuis le tout début. Nous vous connaissons tous les douze comme si nous vous avions tricotés.

« Oh ! Mon ! Dieu ! Qu'est-ce que ça veut dire, ça ? M'a-t-il tricotée pendant que je mentais ? »

— Vous allez devenir des stars dans les prochains jours, et nous sommes aussi excités que vous ! lâche-t-il en riant.

— Impossible, dit Thomas en levant les mains en l'air. C'est moi qui gagne le concours de la main moite.

— Hahahahahaha !

— Est-ce que les tremblements comptent ? ajoute la Tatouée en montrant l'apparente fébrilité de sa main baguée au-dessus de la table.

— Ouais !

— Vous avez pas fait exploser votre boîte de jus, vous ! lance Kumba.

— Hé, bon point !

— Hahahahahahaha !

— Quoi ? Quoi ? fait le Musclé, un sourire abruti aux lèvres.

— Je vous l'avais dit, affirme Barbery en regardant les producteurs. Ce sera une équipe du tonnerre.

— On vous croit, Barbery.

— Il est temps de vous parler du fonctionnement de tout ça, reprend Mignault en mettant ses lunettes de lecture. Nous avons reçu vos papiers signés, tout est en règle au point de vue légal, comme vous l'avez probablement lu. Enfin, j'espère !

Émily respire profondément. Aucun membre de l'équipe administrative ne semble au courant de son mensonge, et Jérémie a l'air de vouloir garder le secret.

« Tout ira bien. Relaxe. »

— Malgré tout, nous allons revoir ensemble les détails techniques du contrat, poursuit Mignault.

Les candidats se redressent alors sur leurs chaises pour écouter.

— Comme vous le savez, ceux qui habitent dans la région continueront de fréquenter leur école durant la journée. Les autres bénéficieront de cours sur place avec des enseignants engagés par l'Académie. Mais vous habiterez tous dorénavant à la Grande Maison, un lieu que vous découvrirez uniquement le 4 janvier, lors du gala d'ouverture. Et en direct.

« Quoi faire pour être pétillante ? Quoi faire pour être pétillante ? » se demande Émily sans écouter ce que dit Barbery.

— Après vos cours, vous aurez à suivre les cours de l'Académie chaque soir. Ce sera un programme très exigeant pour vous, puisque vos notes devront suivre. Une baisse de vos résultats scolaires entraînera automatiquement votre expulsion du programme.

« Pétille ? Pétille ? »

— Si on est déjà un peu moyen à l'école, heu…, commence le Musclé d'un air inquiet.

« Rire, ça fait pétillant… Non ? »

— Julien, on te demandera pas d'être un premier de classe, répond monsieur Kenzie en lui faisant un clin d'œil. On t'a choisi pour tes aptitudes de scène !

Émily éclate alors de rire exagérément, complètement hors contexte.

Le Musclé la regarde, vexé.

« Oh. Mon. Dieu. Qu'est-ce que j'ai fait ? songe Émily, catastrophée. Qu'est-ce qui se disait juste avant mon éclat de rire pétillant ? »

— Ce qu'on demande, poursuit Mignault, c'est que vos notes demeurent ce qu'elles étaient avant votre entrée à l'Académie. Pas de baisse.

— Mais on peut les augmenter, par exemple ? dit Thomas, coquin.

— Il est drôle, lui ! s'exclame monsieur Berval en rigolant.

— Oui, c'est notre petit comique, répond Barbery.

« Bon. Je suis la rejet du pétille. »

Émily remarque alors que Jérémie regarde Thomas d'un œil noir.

— Personne ne va vous empêcher d'améliorer vos notes. Il n'y aura aucun souci.

— Sansoucy ! s'écrie Émily en pointant le doigt vers madame Sansoucy, heureuse d'avoir enfin trouvé l'occasion de faire une blague pétillante.

— Pardon ? fait Barbery en fronçant les sourcils.

— Aucun souci... et... heu... madame s'appelle Sansoucy, balbutie Émily. C'est... heu...

« Drôle et pétillant, non ? Réponse évidente : non. »

— C'est de l'humour, intervient Kumba, volant au secours de son amie. On est tous nerveux, je pense.

— Oui, voilà, dit Émily, la mort dans l'âme.

« Y a-t-il une fonction *rewind* ? »

Vous passerez également vos fins de semaine à la Grande Maison pour préparer les galas du dimanche soir, reprend Mignault en faisant un drôle d'air à l'intention d'Émily. Et vous avez un jour de relâche aux deux semaines.

« Alain, je te maudis ! » pense Émily qui se promet de ne plus jamais écouter son oncle.

— Nous vous demandons de préparer un solo et un numéro collectif par semaine pour les galas du dimanche, ajoute Barbery.

— Tout ça en plus de nos cours à l'école ? demande la Décolletée.

— Ça t'apparaît impossible, Viva ?

— Non non, c'est pas ça…, se défend-elle.

— On n'a jamais dit que ce serait facile. C'est un rythme effréné qui durera deux mois.

— Monsieur, la nuit, est-ce qu'on dort ? lance Thomas, provoquant une nouvelle série de rires.

— Oui, Thomas. La nuit, vous dormez. Deux par chambre.

— Est-ce qu'on peut choisir avec qui ? dit Jérémie, la voix pleine de sous-entendus.

« QUOI ? ? ! »

— Oh, franchement ! s'indigne Kumba qui sourit quand même.

Amanda secoue la tête. Kathryn, Viva-la Décolletée et La Tatouée se regardent en riant.

— Quoi ? Quoi ? répète le Musclé.

— Non, Jérémie, répond Mignault qui n'a pas trouvé la boutade très drôle. Tu seras déçu d'apprendre que tu es déjà jumelé avec un garçon, comme tous les autres garçons. D'ailleurs, vous devrez tous respecter l'interdiction totale d'entrer dans une chambre qui n'est pas la vôtre une fois passé le couvre-feu.

— Poche ! lâche Jérémie en cherchant du regard celui des autres candidats

— Oh…, fait Kathryn qui, mal à l'aise, a terriblement rougi.

— Jérémie ! s'écrie Kumba qui maintenant ne rit plus du tout. C'est sexiste, ton affaire.

Émily voit que les trois producteurs se lancent des regards entendus. Madame Sansoucy écrit quelque chose sur un papier qu'elle tend ensuite à Barbery. Celui-ci se contente de hocher la tête.

— Est-ce qu'on peut continuer ? exige Amanda de sa voix nasillarde.

— Ce qui m'amène à vous dire que, chaque semaine, un candidat sera éliminé et exclu de la Grande Maison, déclare Mignault, la bouche pincée, en lançant un regard appuyé à Jérémie.

— On sera tous trop talentueux pour ça, lance Thomas avec assurance.

— Hahahahahahaha ! s'esclaffe le producteur nommé Berval. Ça, ça nous regarde ! Et ça regarde le public. C'est lui qui votera !

— Néanmoins, poursuit Mignault, les candidats éliminés reviendront toutes les fins de semaine afin de répéter pour les numéros collectifs. Et tous participeront à la grande tournée finale de l'été.

Émily regarde Kumba. L'été dernier, elles en rêvaient, assises dans un autobus du camp Étoiles et Sons. Et aujourd'hui, ça y est.

— Bon ! Il faudrait bien commencer à travailler, non ? dit finalement Barbery. Après tout, le gala d'ouverture est dans une semaine. Suivez-moi ! ordonne-t-il en se levant. Assez de discours. Je vous conduis à vos professeurs. Et au boulot !

« Première impression : Ratée… »

12.

— Il est quelle heure ? demande Émily pour la millième fois.

— Il est huit heures moins quart. Relaxe, Ém, fait Emma en se léchant les doigts.

William, Emma, Elton et Émily sont attablés au restaurant indien, devant le iPad de cette dernière.

— C'est à huit heures que les vidéos sont mises en ligne, ajoute Émily.

— ON LE SAIT, Ém.

— Arrête de m'appeler Ém, Emma ! Je déteste ça.

— Émmemma, hahahaha !

— JE DÉTESTE ÇA.

— Calme-toi, Émily ! dit William en riant. T'es vraiment stressée !

— Je veux voir les vidéos des candidats. Pis je veux voir la mienne.

— La tienne sera la meilleure, l'assure Elton en lui faisant un grand sourire.

— Merci, répond Émily qui se sent un peu plus détendue. Je suis heureuse que tu sois avec nous, Elton ! Tu as aimé le poulet ?

— Mets-en ! J'y avais déjà goûté une fois.

« QUOI ? »

— Emma ! Tu as amené Elton ici SANS NOUS ?

— Ben... heu... c'est-à-dire que...

— Comment tu dis ça, Emma ? lance William en s'esclaffant. « Ben heu c'est-à-dire que »...

— Hum ben...

— Oui, on est venus ici un soir, répond Elton naïvement, sans se rendre compte du côté profane de son affirmation.

— Eh bien, top surprise !

— Y a un problème ? demande Elton.

— Ben non, dit William en lui souriant, ce qui fait apparaître ses jolies fossettes. C'est juste que c'est notre endroit préféré à tous les trois. On vient souvent ici pour passer du temps ensemble. On appelle ça « les rendez-vous secrets du trio ».

— On est un top trio, ajoute Émily.

— Oh, fait Elton. OK.

— Mais... mais... c'est aussi juste un musti bon restaurant, se défend Emma qui ne sait plus où se mettre. Je suis aussi venue ici avec plein de monde. Ça veut musti rien dire…

— Ah ? lâche Elton en haussant un sourcil.

— Heu… ben, c'est pas que je sois venue avec tant de monde que ça, je veux dire, juste…

Emma est écarlate. Émily éclate enfin de rire.

— Emma, relaxe. On fait des blagues, la rassure-t-elle en la poussant gentiment. C'est même top que vous soyez déjà venus ensemble.

— Oui, je trouve aussi, répond Emma en souriant à Elton.

— Tu es le bienvenu dans notre nouveau… heu… quatuo, poursuit Émily.

— Quatuo ? répète William en riant. Grosse journée, mon cœur ? Ça serait pas « quatuor », le mot ?

« MON CŒUR ? »

Émily a l'impression que son corps va éclater sous l'onde de choc qu'elle vient de ressentir en entendant William l'appeler « mon cœur ». Il y a quelques jours à peine, elle aurait trouvé ce surnom « horribilo ridiculus ». Et maintenant, ce sont les deux plus beaux mots du monde.

« Mon cœur… »

— Glabudibouglougalgli…, susurre Émily.

— Voici vos desserts, dit la serveuse en déposant quatre parts de gâteau aux pistaches sur la table.

— Miummi !

— C'est en ligne ! crie Emma, les yeux vissés sur le iPad. C'est en ligne !

— Oh ! Mon ! Dieu !

— Regarde, ce sont vos photos !

— OH ! MON ! DIEU !

— C'est vous !

— Et tout le monde partout dans le monde me voit !

— Ben, partout où il y a une connexion Internet...

— C'est ça.

— Et c'est la maison, ça ? Wow ! Vous allez habiter là ?

— Mais les photos sont toutes petites, on voit rien ! Maudit iPad ! C'est quoi, l'idée de regarder ça là-dessus ? rage Émily.

— C'était le concept restaurant indien, se défend Emma.

— La fonction plein écran ne marche pas, grogne Émily qui a envie de jeter le iPad au visage de ses amis.

— Attends, Ém, je vais essayer de faire quelque chose, intervient Elton en prenant l'appareil.

« C'est LUI qui dit « Ém » ?! Tout s'explique ! »

— L'avez-vous visitée, la maison ? demande William pour changer de sujet et calmer Émily.

Il fait discrètement glisser l'assiette contenant sa part de gâteau devant elle.

— Non, il paraît qu'on va la visiter en direct pendant le gala.

Émily prend une bouchée. Le gâteau aux pistaches est délicieux.

— Mais j'ai hâte, ç'a l'air top trippant, ajoute-t-elle en retrouvant le sourire. On est deux par chambre, pis…

— Sais-tu avec qui tu es ? l'interroge Emma en piquant également sa fourchette dans son dessert.

— Non. Mais Jérémie a fait une farce plate là-dessus et…

— Ah ouais ? dit William en levant les yeux.

— Oui. Un genre de sous-entendu, tsé…

— Quel idiot ! lâche-t-il.

— C'était pas SI grave que ça. Il a juste demandé si on pouvait choisir son partenaire de chambre parce qu'il avait des idées et…

— Hahahahaha, elle est bonne, s'esclaffe Elton.

— Tu trouves ? grince Emma en fronçant les sourcils.

— Ben… heu… hum… oui… heu…non ? Peut-être pas, non, balbutie-t-il en retournant au iPad.

— Mais madame Mignault a pas eu l'air de trouver ça drôle, elle, poursuit Émily. Elle s'est mise à parler des expulsions ensuite.

— Ah ! fait William. Je l'aime bien, moi, cette madame Mignault.

— Ben là, souhaite-lui quand même pas de se faire expulser ! réagit Émily.

— Si c'était juste de moi…, souffle William sans terminer sa phrase.

— J'ai trouvé comment mettre le plein écran, déclare Elton.

— *Yessss !* s'exclame Émily en s'emparant du iPad.

Emma sourit en regardant Elton comme s'il était plaqué or. Émily se tourne alors vers William pour lui montrer sa photo sur la page Web. Mais celui-ci s'est emmuré dans le silence depuis quelques minutes.

— Hé ? Tu manges pas ton dessert ? demande-t-elle en lui touchant la jambe.

— J'ai pas très faim, répond-il en souriant faiblement.

— Tu me donnes ta part ? lance Elton, la bouche pleine.

« Qu'est-ce qui se passe ? Mais qu'est-ce que j'ai dit, encore ? »

13.

— Et je sais déjà que je serai votre préféré, conclut Thomas en faisant une révérence.

Les vidéos défilent sur le iPad. Celle de Thomas fait une forte impression sur le petit groupe du restaurant indien.

— C'est nettement mon préféré ! dit Emma. Oh, je l'aime, lui !

— Ah oui, tant que ça ? fait Elton, l'air soucieux.

— Oui ! Il est drôle, charmant, il a l'air musti gentil.

— Il l'est, confirme Émily.

Après avoir regardé les vidéos de leurs amis — et ennemis, dont Amanda pour Émily et Jérémie pour William —, les trois adolescents cliquent sur les capsules visuelles des nouveaux visages de l'Académie.

— Bonjour, je m'appelle Romane et je suis en secondaire cinq à l'école alternative Rose-Fière.

— C'est quoi, ça, l'école Rose-Fière ? Tu parles d'un nom ! persifle Emma. Une rose peut pas être fière ! Musti ridicule. Rose fanée, rose piquante, rose odorante, rose…

— Chut !

L'écran montre un gros plan d'une batterie.

— J'ai toujours aimé le rock comme Pink Floyd et j'ai jamais joué à la poupée, poursuit Romane en riant, à l'écran. J'aime le noir, le rouge, j'aime quand ça bouge. Je joue de plusieurs instruments, et la musique, pour moi, c'est une façon de me sentir vivante.

Plan séquence de Romane, vêtue d'une camisole noire, qui joue de la guitare basse.

— Je pense que je suis originale, rebelle, continue-t-elle. Mais c'est pas si terrible que ça en a l'air. Je veux dire : il faut pas avoir peur de mes tatouages ! C'est juste des dessins. Je trouve ça beau, c'est tout.

La caméra s'attarde sur un salut de la jeune chanteuse, lors d'une performance à *Secondaire en spectacle*, les mains sur le micro, un bracelet de cuir noir au poignet.

— Ping Pong, c'est le groupe qu'aimait Léa aussi, l'été dernier, dit Émily.

— Ah oui ? fait Emma.

— Pink Floyd ! la corrige William en éclatant de rire. Pas Ping Pong.

— Elle est cool, elle, déclare Elton.

— Cool comment ? demande Emma avec intérêt.

— Ben, je sais pas, son look, son genre… J'aime ça.

— Ah bon, lâche-t-elle, un peu dépitée, en jetant un coup d'œil à Émily.

« J'ai pas ce genre de look, moi, hein ? » semble demander Emma.

« Non, répond Émily du regard. Top non. »

— Oui, c'est un look qui rock, intervient William.

— Elle a surtout une top voix, ajoute Émily, l'air grave.

— Une compétitrice, alors !

— Ouais. Complètement.

— Bonjour, je m'appelle Abiel, je suis arrivé du Brésil à quatre ans. J'ai aujourd'hui quinze ans et je suis à l'école Armand-Dubois.

Cette fois, le gros plan est celui d'un graffiti.

— J'aime beaucoup le rap, le dub. J'ai un bon *flow*, j'aime écrire. Pour parler des vraies choses, de ma réalité.

Suit un plan-séquence d'Abiel exécutant un numéro de *break dance*, main sur la casquette et bijoux en or frôlant le sol.

— Je trouve que le hip-hop est un courant musical qui parle aux jeunes. Moi, ça me parle, en tout cas. J'aime le style, le *beat*. Le message. Je trouve qu'il y a beaucoup de travail derrière le rap et, souvent, les gens ne réalisent pas ça.

La caméra s'attarde sur un spectacle de *spoken word* où, les bras en l'air, des centaines de jeunes scandent les paroles d'Abiel.

— Moi, c'est lui que j'aime le plus ! affirme William.

— Ouais, il a l'air top, dit Émily. Mais la ceinture de son pantalon est vraiment trop basse.

— Hahahahahaha !

— C'est vrai ! Comment ça se fait que ça tombe pas ? Je me le suis toujours demandé.

— Moi, je tripe pas trop rap, fait Elton.

— Hé, moi non plus ! ! ! lance Emma en souriant.

Émily lève les yeux au ciel.

— Bonjour, je m'appelle Viva, j'ai quinze ans et je vais à l'école des Pruniers.

Gros plans sur Viva dans un parc, riant avec ses amies, vêtue encore une fois comme une… comme une…

« Heu… comme une fille facile ! » dirait Marie-Pier.

Elle disait toujours : « Regarde la fille facile ! » Ou : « Ma fille, t'as l'air d'une fille facile ! »

Un jour, Émily a demandé à Marie-Pier ce qu'elle voulait dire par « fille facile ».

— Ben, une fille facile à séduire, genre. Une fille qui dit oui aux gars facilement. Puuuuunaise, Émily ! Une fille facile, c'est pas difficile à comprendre !

Finalement, c'est Marie-Pier elle-même qui est devenue une « fille facile », avec sa manie de montrer ses strings et son obsession pour les garçons.

— J'aime être entourée de gens, j'aime qu'on me remarque, poursuit Viva sur l'écran. J'aime les vêtements, la mode. Je sais que c'est un peu superficiel. J'aime danser, rire, faire la fête. Mes amies disent que je suis une fille de party.

Suit cette fois un plan-séquence de Viva qui s'accompagne au piano, ses gros doigts étonnamment agiles sur le clavier.

— La musique a toujours fait partie de ma vie, mais j'avais jamais réalisé à quel point avant aujourd'hui. Pour moi, chanter, c'est comme une seconde nature. Quand je chante, c'est là que je me sens le mieux.

La caméra cadre Viva qui chante en plein air durant une fête de quartier. Elle est encore une fois habillée trop serré pour sa carrure, et son buste a l'air tout comprimé. Au moment du salut, Émily ne peut s'empêcher de penser que Viva va tomber vers l'avant, entraînée par le poids de sa poitrine. Mais non. La jeune chanteuse se relève sans difficulté.

« Pitié. Pitié. Pitié. Faites que jamais mes seins ne poussent autant. Merci. »

— Elle te ressemble un peu, elle, dit Emma.

— DE QUOI ????

« QUE QUE QUOI ????? » pense Émily qui jette un regard effaré à sa poitrine, comme si celle-ci avait pu pousser comme un plant de tomates, mais en une seule nuit.

— Pas physiquement, précise Emma en s'esclaffant. Je parle de la personnalité.

— Ah.

— Son rapport au chant, tu veux dire, intervient William.

— Oui.

« Ah oui ? »

— Bonjour, je m'appelle Maxence, j'ai onze ans et je suis du séminaire Saint-Viateur, fait la voix aiguë du candidat blondinet.

Dans un gros plan de la chorale, on reconnaît le petit Maxence au milieu.

— J'ai appris à lire la musique à trois ans, je joue du violon et du piano. Mais ce que je préfère, c'est le chant classique. Je suis soliste dans une chorale depuis des années. Et nous avons déjà fait plusieurs tournées en Europe. On met beaucoup d'espoir en moi.

Le plan-séquence montre une chambre parfaitement rangée.

« Il est parfait, lui, ou quoi ? Allez, un défaut ! »

— Je ne suis jamais allé à l'école primaire, poursuit-il. J'ai suivi des cours à la maison pour pouvoir continuer à chanter. Mais, maintenant, je suis au secondaire. Je trouve que les autres de mon âge sont imbéciles. Je pense que je suis beaucoup plus mature qu'eux.

« Ah ben, tiens, le voilà, le défaut ! »

On voit alors Maxence en aube blanche dans le chœur d'une église, chantant un magnifique aria de sa voix pure devant un auditoire respectueux.

— Quel frappé, celui-là ! dit Elton.

— Hé ! On dirait la version masculine d'Emma, raille William.

— Quoi ?

— Petit et…

— Musti insupportable ! les coupe Emma. J'ai pas l'air aussi prétentieuse que ça, j'espère ?

— Ben…, laisse planer Émily.

— QUOI ?

— Non, Emma, je blague, fait Émily, hilare. T'as l'air aussi tarte que tout le monde, inquiète-toi pas.

— C'est toi, la nounoune, rétorque Emma.

— Salut, je m'appelle Julien, j'ai seize ans et je vais à la polyvalente des Chutes, fait la voix lente du Musclé.

Un gros plan le montre jouant au bras de fer avec un autre garçon.

— Regardez ça, un rival pour William ! s'esclaffe Emma.

— Hé, je suis pas si musclé !

— J'aime mes amis. Je suis un gars souriant. Je suis fort, je m'entraîne tous les jours au gym. Pis… j'aime *full* la musique.

— Hihihi. Réflexion faite, Will, il n'y a *full* aucun lien entre toi et ce gars-là, dit Emma.

— Chut !

Dans le plan-séquence qui suit, Julien joue au hockey-balle dans le gymnase de son école.

— Je suis un sportif. J'aime le sport. Ouais…

— Il est quand même pas si loin d'être monosyllabique, comme quelqu'un qu'on connaît ! pouffe Emma.

— Hahahahahaha !

— Chut !

— Quand j'ai commencé à chanter…, poursuit Julien sur l'écran, ben… j'ai continué.

La caméra s'attarde sur Julien sur scène, chantant une ballade devant un parterre d'adolescentes ayant oublié leur intelligence dans leur sac à main.

— Pauvre gars, soupire William en secouant la tête.

— Pourquoi tu dis ça ?

— Il a l'air un peu perdu.

— Ouais, c'est clair.

Émily fixe le iPad. Les vidéos sont terminées. Elle en sait un peu plus sur ses nouveaux camarades et ça ne la rassure pas du tout. Tous les candidats montrent un certain potentiel, et tous ont une chance de gagner le concours. Enfin, presque tous…

— Mon préféré reste Thomas, dit Emma.

— Et moi, Romane, fait Elton.

— Ah oui ? se répondent-ils en chœur.

Émily frissonne. William s'approche de son oreille et murmure :

— Moi, ma préférée, c'est celle qui est assise juste ici.

14.

— Eh bien, je me suis dit que je pourrais peut-être faire quelque chose de moderne, mais qui parle des années 1980, commence maladroitement Émily.

Mark Bonin, Madeleine Aubin et Bastien Sajous écoutent les propositions de solos des académiciens depuis quelques minutes.

— Votre premier solo, c'est la première impression que vous donnerez au public, a lancé Madeleine Aubin en début de journée en faisant tinter les dizaines de bijoux qu'elle porte.

« C'est le moment de refaire une deuxième première impression », s'est dit Émily.

— L'image doit être forte. Votre solo dira aux téléspectateurs qui vous êtes ! a ajouté madame Aubin.

« Moi, je suis moderne ! Ça me prend quelque chose de moderne ! »

Les candidats ont crié de joie la veille en apprenant qu'un numéro collectif sur la musique de LMFAO ouvrira le premier gala. L'équipe a alors parlé de fluo, de patins à roulettes, de néons et de chanteurs descendant du plafond, marchant sur un décor de nuages.

« Top COOOOOOOL ! »

Mais tous ont déchanté en comprenant que le gala sera un hommage aux années 1980. Les années 1980, c'est une période passée. Dépassée. Vieille. Poche.

— Mais tout plein d'artistes d'aujourd'hui s'en inspirent, a dit Bastien. David Guetta, Flo Rida, Enrique Iglesias, DJ Remady… et, surtout, LMFAO !

« Ouais, mais… »

— Alors, à quoi penses-tu, Émily ? demande Mark Bonin, intéressé.

— Je me suis dit…, hésite-t-elle.

« Est-ce vraiment une bonne idée ? Vont-ils me faire chanter du Cindy trucmuche à la place, comme pour Kathryn ? Pauvre Kathryn. »

— Émily ?

« Ou pire, une vieillerie encore plus vieille que Cindy trucmuche, une chanson qui date du temps des dinosaures ? D'avant les dinosaures ? D'avant le premier homme des cavernes ? Du tam-tam de singes ? »

— La chanson *Don't Stop the Music* de Rihanna est un genre d'hymne à Michael Jackson…, poursuit-elle, les yeux au plancher. Et Michael Jackson, ben, c'est les années 1980.

— « Un genre de » ? répète Madeleine Aubin, visiblement dépitée. Ça prendrait un lien plus fort que « un genre d'hymne »…

« Merde. »

— Hé ! Je trouve que c'est une bonne idée, moi ! lance Bastien. Elle a raison ! Rihanna reprend un phrasé de Michael Jackson tout au long de la chanson ! *Mama se mama sa mama makoosa*, chantonne-t-il.

— Oui, on entend même Jackson chanter en *back*, ajoute Nathan qui voit Émily piquer du nez lentement devant tout le groupe.

— C'est : « *Mama ko mama sa* », et c'est pas de Michael Jackson, c'est de Dibango, précise Amanda de sa voix enfantine. Tout le monde sait ça.

— Ah bon ?

— Oui, c'est un extrait de *Soul Makossa* de Manu Dibango, soupire Amanda, comme si prononcer cette phrase lui avait demandé autant d'énergie que faire trois heures de *step*.

Kumba lève les yeux au ciel.

— Ah bon ? dit Romane avec intérêt.

— C'est tout de même Jackson qui a popularisé ce refrain, renchérit Bastien à l'intention d'Amanda. Bonne idée, je trouve, choupette, ajoute-t-il en souriant à Émily.

« Youpi, *yo* Mike ! »

— Moi aussi, je trouve l'idée intéressante, reprend Bonin en se tapotant le menton de l'index. Le pop, c'est l'image d'Émily. Et il y a quelque chose à faire avec Michael Jackson… Le fait que la chanson parle de musique aussi.

— Oui, c'est pour ça que je l'avais choisie, explique Émily, de l'espoir plein la voix.

« Prout à Manu-le-bongo ! »

— Hum…, fait Madeleine Aubin, songeuse. Qu'en penses-tu, Lee ? demande-t-elle à une collègue asiatique assise à ses côtés.

— Je trouve ça très *funny* en fait, répond la directrice artistique avec un fort accent. J'ai déjà des idées de costumes. Émily sera un charme à habiller. Elle a beaucoup de possibilités.

« Ah ? Qu'est-ce que ça veut dire, ça ? »

— Et il y a des pistes de chorégraphie intéressantes, continue Bastien, de plus en plus excité. Le *moonwalk*, tout ça… Je pense qu'on pourrait en faire un numéro très cool.

— Moi, je sais faire le *moonwalk* ! lance soudain Jérémie qui se lève et exécute la fameuse danse de Motown sous les applaudissements d'Abiel.

Même Mark Bonin rit.

« Jérémie a finalement gagné ses faveurs, on dirait ! »

— Hé, moi aussi, je sais faire le *moonwalk*, intervient Thomas en faisant une espèce de rigodon ridicule. Regarde, Émily !

Celle-ci éclate de rire. Jérémie regarde Thomas comme si son visage était couvert de plaies purulentes.

— OK, Émily. On prend ton idée ! s'écrie Madeleine qui semble exagérément exaltée. On va faire quelque chose de chouette avec ça.

« Chouette ? »

— Jérémie ! lance Bastien. Tu vas faire partie du numéro, on va travailler la danse ensemble, d'ac ?

Les trois professeurs et la directrice artistique notent gaiement tout ça dans leurs cahiers, pendant que Jérémie lance ostensiblement un baiser soufflé à Émily.

« Quoi ? Quoi ? Quoi ? » se dit Émily, qui ne sait trop si elle a envie de remercier Jérémie ou de lui tordre le cou.

— Au suivant. Toi, Julien, quelle est ton idée ? demande Madeleine Aubin.

— Ché pas trop..., répond le Musclé.

« Hellooooo..., fait Émily intérieurement. Tout son cerveau est éparpillé dans ses jambons. »

— Mais tu as une idée ou non ? répète Madeleine en secouant la vadrouille rouge qu'elle porte sur la tête en guise de cheveux.

« Tout le monde n'a pas le charme inné de Rihanna. »

— Ché pas trop, genre…

Kumba soupire. Kathryn rit. Émily en profite pour attirer l'attention de Jérémie. Bien sûr, il a cumulé les plus hautes notes durant l'atelier d'art dramatique et il reste un excellent danseur. Elle le sait. Mais elle ne peut s'empêcher de penser qu'il vient encore d'agir pour se mettre en valeur.

— Pourquoi t'as fait ça ? lui chuchote-t-elle.

— Parce que je suis bon et que tu le sais, lui répond-il tout bas.

— Sérieusement, Jérémie. Ils vont te faire participer à mon solo, maintenant.

— Tu vas te faire remarquer encore plus si t'es avec moi.

— Arrête de faire l'épais. Avoue que c'est plus du tout un solo si on est deux !

— Ils ont accepté ton idée, c'est ce qui compte, non ?

— Hé, les Saint-Preux ! Un peu de silence, fait Madeleine en frappant ses mains baguées ensemble.

« Les Saint-Preux ?… Oh, mon Dieu, c'est vrai ! Nous sommes deux candidats de la même école !

« Les Saint-Preux…, répète mentalement Émily en se demandant pourquoi elle ressent soudainement un tournimini d'angoisse. Le duo Saint-Preux. »

15.

— Wahou ! Wahou ! crie Nathan dans la cuisine commune, où se retrouvent les académiciens pendant la pause du midi.

— Arrête, mon petit poil, tu m'émiettes le tympan.

— Wahou ! Wahou !

— Pourquoi il crie, cet homme de la jungle ? demande Abiel qui vient d'entrer dans la cuisine avec son lunch, sa casquette vissée sur la tête et la fourche de son pantalon en bas des genoux.

« Tombera ? Tombera pas ? » chantonne mentalement Émily en contemplant son pantalon.

— Parce que je vais jouer de la guite, les amis. Oh yeah. DE LA GUITE.

— De la guite ? répète Émily.

— De la guitare électrique, dit Kumba. En attendant, baisse d'une octave, Tarzan. Tu casses même les oreilles au Brésilien.

— *Quem mooooostra' booooo ess caminho looooonge?* fredonne Nathan pour les embêter.

— *Você fala o português?!* s'écrie Abiel, tout content.

« Tombera ? »

— De quoi ? fait Nathan en riant.

— Je t'ai demandé si tu parlais portugais, *man* ! répond Abiel en relevant la taille de son pantalon.

« Tombera pas. »

— Moi, je sais parler un peu portugais, lâche la voix aiguë de Maxence du fond de la cuisine.

« C'est sûr, il doit même parler le martien », pense Émily qui déteste le ton je-sais-tout du cadet des concurrents.

— Ah ouais ? lui dit Abiel. Je pensais que tu étais Suédois.

— Pourquoi ? lance Maxence.

— Parce que tu ressembles à Tim Avicii.

— Tim qui ?

— Tu trouves qu'il ressemble à Avicii ? s'étonne Kumba. Je le trouve tellement beau, ce mec.

Maxence sourit.

— Mais non, il ressemble pas à Avicii, poursuit-elle alors que Maxence se renfrogne. Il a l'air de son petit frère, au pire. Et puis, Maxence a les cheveux trop bouclés.

— Je suis pas si jeune que ça ! J'ai onze ans ! proteste Maxence de sa voix claire. Et…

— As-tu apporté tes petites voitures ? rigole Kumba.

— Je parlais pas des cheveux ! précise Abiel.

— Quand même.

— C'est qui, Tim Avicii ? demande de nouveau Maxence.

— Non, Abiel, je ne parle pas portugais, répond Nathan alors que tout le monde ignore la question de Maxence. Ma mère aime la chanteuse Cesaria Evora. J'ai appris quelques-unes de ses chansons pour elle. Et mon chien aime aussi quand je chante en portugais, alors…

« Ah non ! Il ne va pas encore parler de son chien ! » songe Émily.

Quand Nathan parle de son chien PetitMiel, il ne sait plus s'arrêter. De longues minutes d'ennui pour Émily, qui ne comprend pas ce qu'on peut trouver d'intéressant à des anecdotes canines.

« Plaaaaaate. »

Mais Nathan recommence plutôt à chanter en tessiture soprano pour agacer les autres.

— *Quem mooooostra' booooo ess caminho looooonge…*

— Mais quelqu'un va-t-il boucher cette bouche ? lance Kumba à la cantonade, les mains sur les oreilles.

— Je vais jouer de la guite électrique au gala, Kumbala, oh yeah ! Et personne ne va me faire taire.

— Reviens-en, Tarzan ! riposte-t-elle. Une guitare électrique, c'est toujours juste une planche de bois branchée dans un ampli…

— Non, c'est l'instrument de Dieu…, déclare-t-il, lyrique.

— C'était pas une harpe ?

— Hahahaha !

— Sérieux, j'étais certain qu'ils diraient non pour mon idée de Guns N' Roses, poursuit Nathan en s'asseyant enfin.

— Moi aussi, j'étais sûre qu'ils ne voudraient pas de mon idée de Rihanna, dit Émily. J'avais peur de pas pouvoir chanter quelque chose que j'aime.

— Ouais, comme moi, vous voulez dire ? fait Kathryn en grimaçant.

— Oui.

— Moi, je…, tente Maxence.

— Mais non, le coupe Romane qui a choisi de se joindre à leur table aves ses tatouages et ses nombreuses bagues en argent. Cindy Lauper, c'est bon pour toi. Ça va décoincer ton image de petite fille sage. C'est sûrement pour ça qu'ils t'ont donné ce solo.

« Cindy Lauper, répète mentalement Émily en se promettant une petite virée sur Google ce soir. Qui est Cindy Lauper ? »

— Oui, mais…, rétorque Kathryn alors qu'Amanda entre dans la cuisine en se pinçant ostensiblement le nez, assaillie par les odeurs ambiantes.

« Exagère pas, ça sent juste l'ail ! a envie de dire Émily. Oh ! C'est vrai ! Amanda est un vampire ! Tout s'explique, se dit-elle en trouvant son analogie très inspirée. Je vais teeeellement me mettre à bouffer de l'ail ! »

Amanda passe devant les concurrents sans leur adresser la parole et va faire chauffer son plat au four à micro-ondes. Un plat SANS ail, forcément. Julien et ses jambons écoutent une harangue de Viva-Décolletée concernant les vitamines. Maxence boude dans un coin.

« Tiens ? Où sont Jérémie et Thomas ? »

— Tu trouves que ça sent mauvais, Amanda ? l'interroge Abiel en souriant.

— Oui, répond-elle. La prochaine fois, mets moins d'ail dans tes affaires.

— Hé ! C'est pas moi ! s'exclame-t-il en lui montrant son sandwich au jambon.

Mais Amanda ne le regarde plus et se concentre sur la pointe de son soulier.

— Quelle chipie ! glisse Nathan tout bas.

— Où est son siamois, d'ailleurs ? chuchote Kumba.

— Qui ?

— Ben, Piscine Plus !

— Tout le monde a vraiment vu cette pub, c'est fou !

— Elle est passée à la télé de la Côte-Nord ? demande Kathryn.

— J'habite pas dans le bois, je te rappelle, répond Nathan, piqué au vif. On a des piscines. Pis des pubs de piscine.

— Non, ils sortent plus ensemble, dit Émily en mordant dans son pita. Rappelle-toi. Le couple Jémanda est mort.

— Ah ouais. Mais ils sont insupportables tous les deux. Alors, dans mon esprit, ce sont encore des jumeaux collés par la tête.

— La jumelle de Jérémie, c'est maintenant Émily, décrète Kathryn en souriant. Chanceuse.

« Oh ! Mon ! Dieu ! Non… »

— Chanceuse ? rétorque Kumba avec humeur.

— Meuh ! Kumba ! T'as tripé dessus comme tout le monde, réplique Émily en la poussant du coude.

— Pas longtemps ! s'écrie Kumba. Un après-midi seulement ! Il est où, d'ailleurs, notre joli cœur ?

— On parle de moi ? lance Jérémie en entrant bruyamment dans la cuisine.

Ses yeux brillent comme s'il venait d'apprendre que Lea Michelle lui avait envoyé un texto. Il s'assoit à côté d'Émily et ouvre son sac à lunch en fredonnant *Just for One Day*.

— Ah ! Je déteste David Guetta, fait Kumba en fronçant les sourcils.

— C'est originalement de David Bowie, cette chanson, chérie, répond Jérémie en lui faisant une grimace. Je pensais que tu connaissais tes classiques.

— Interdiction totale de m'appeler « chérie », mon pit.

— T'étais où ? demande Émily.

— Avec Kenzie, lâche-t-il avec arrogance.

— Menteur !

— N'importe quoi.

Jérémie éclate de rire.

— Ben non, j'étais aux toilettes. J'ai le droit ?

— Hihihihi !

Remarquant que Kathryn est de nouveau toute rouge, Émily sourit.

« Pauvre Kathryn. Rougir du nez est déjà l'épreuve la plus douloureuse de la vie ! Alors, rougir de tout le visage ? ! »

Romane regarde également Jérémie avec un sourire niais. Kumba lève les yeux au ciel à l'intention de son amie.

— Tu vas vraiment danser avec lui ? lance-t-elle en pointant Jérémie de sa fourchette. T'as pas peur de te couvrir de pustules à son contact ?

— Kumba, arrête de me chercher, OK ? lui répond Jérémie. Sinon tu vas me trouver.

— De quoi ? Des menaces ? Brrr, j'ai peur.

Nathan réfrène un rire en toussant dans son poing.

— Toi, le poil, reste tranquille.

C'est alors que Thomas entre en catimini dans la cuisine, l'air sombre.

— Et toi, t'étais où ? demande Émily qui le rejoint devant le réfrigérateur.

« Toujours top pratique de se pencher vers un frigo », se dit-elle : elle perd ainsi quatre bons centimètres.

— Je réglais un truc, fait-il évasivement en fouillant dans les étagères.

— Un truc ?

Thomas s'arrête et regarde Émily. Il s'assure que les autres ne l'écoutent pas, occupés à papoter autour de leur repas. Puis il retourne au fouillis du frigo.

— Quoi ? Qu'est-ce qui se passe ? répète Émily.

— Jérémie, c'est juste ton ami ou c'est ton chum ?

— Heu… le lien ? ? ? C'est un ami ! Pourquoi ?

Thomas attend encore quelques secondes. Puis il soupire :

— Eh bien, ton « ami » vient de me bousculer un peu dans le vestiaire. Genre : « Pas touche à Émily ! » Si tu vois ce que je veux dire. Et sans vouloir te vexer, je suis pas intéressé.

« Oh ! Mon ! Dieu ! »

— Non non, t'as certainement mal compris, chuchote Émily en jetant un coup d'œil à Jérémie, à l'autre bout de la cuisine. Il est jaloux, mais il t'a sûrement menti sur la raison. J'ai un chum, il le sait. Et…

— Et ?

— Y a rien entre nous. Sérieux.

— Alors, c'est quoi, l'affaire, avec lui ?

— Tu lui voles la vedette depuis le début, Thomas, répond Émily en souriant. T'es drôle, tu fais rire tout le monde. D'habitude, c'est lui, le centre d'attention.

— Eh ben, si c'est ça, poursuit-il en fermant vivement la porte du frigo, il va voir que je sais me défendre.

« Ça y est. On ne gagnera pas tous ensemble, pense Émily en sentant poindre un tournimini. La compétition est officiellement déclarée. »

Courage À l'abordage
Les femmes et les enfants sages
Courage À l'abordage

— Philémon Chante, *Dors poupée dors*

16.

— Pis, le Chung? demande Émily en ajustant sa tuque.

— Qu'est-ce que tu veux dire?

— Ben... vous êtes toujours ensemble. Alors...

— Alors quoi?

— Vous en êtes où?

— Où quoi?

— Oh, EMMA!

Emma ramasse la corde de la luge et s'apprête à remonter la pente. Les deux adolescentes s'amusent à glisser depuis au moins une heure sur la bute à côté de chez Emma. Avec la pluie verglaçante de la veille, la côte est glacée et les deux amies ont eu envie de retomber en enfance le temps d'un avant-midi.

Le dernier avant-midi de congé d'Émily avant de retourner dans les studios d'Inter 3.

« Je m'en vais à Inter 3, se répète-t-elle souvent, adorant chaque fois l'effet que ça lui fait. Où tu vas ? .... À Inter 3 ! Coooooool. »

— Tu comprends TRÈS bien ce que je veux dire, ajoute Émily en suivant Emma dans l'escalade de la côte.

— Non.

— Sortez-vous ensemble, oui ou non ?

— Ben oui, répond Emma comme si son amie lui avait posé une question à la réponse évidente, du genre : « Est-ce que tu as des pupilles dans les yeux ? »

— ENFIN ! s'écrie Émily en poussant Emma dans la neige.

— Eille ! lance Emma en riant.

— Je pensais que tu me le dirais jamais !

— Ben oui, ben oui, fait Emma en se relevant péniblement. Bon, je suis fatiguée. Est-ce qu'on va prendre un chocolat chaud en face ?

— Alain nous tuerait s'il savait qu'on prend un chocolat chaud ailleurs qu'Au Débarras.

— Mais c'est à l'autre bout de la ville !

— Je sais.

— Il nous tuerait surtout s'il savait qu'on prend un chocolat chaud non équitable, non biologique et dans un verre non compostable.

— Hahahaha ! Ouais. C'est « scandaleux ».

Les deux filles entrent dans un petit café nettement moins accueillant que celui d'Alain, mais dont le chocolat chaud ne contient aucun piment.

— Ça m'inquiète, ce que tu m'as raconté à propos de Jérémie, dit Emma en déposant ses mitaines sur la table.

— Hé ! Qu'est-ce que c'est que ça ? demande Émily en pointant du doigt le nouveau bracelet de son amie.

Ce dernier, une large bande de cuir noir, est orné de petites pointes d'argent.

— Quoi ? dit innocemment Emma.

— ÇA ! répète Émily. On dirait un bracclct de punk !

— Oh, ÇA ! s'exclame Emma en secouant son poignet. C'est un vieux bracelet… heu… qui traînait dans… heu… un tiroir. Je l'ai retrouvé par hasard.

— Dans des accessoires pour chien bouledogue ?

— Le lien ?

— On dirait un collier pour chien.

Tu trouves ?

— Un peu.

— Mais non, c'est juste… rock.

Émily soupire.

— Je le connais, Jérémie, reprend-elle. Il aurait quand même pas fait quelque chose de grave à Thomas. Il a seulement dû lui parler bête.

— Oui, sûrement. N'empêche, c'est pas ça qui m'inquiète. C'est ton affaire de « duo Saint-Preux ». Jérémie peut très bien vouloir se coller sur toi pour gagner. Parce qu'il sait que c'est toi, la meilleure.

« La meilleure ? »

— Tu le penses vraiment ?

— Que Jérémie pense que tu es la meilleure ?

— Non, que je suis la meilleure ?

— Musti oui, répond Emma. Tu vas gagner StarAcAdo, c'est évident.

« Ah oui ? »

— J'aimerais… heu… te demander quelque chose, poursuit Emma en déroulant lentement le bord de son gobelet en papier, les piquants argentés de son bracelet captant alors la lumière du jour, qui entre par la vitrine.

— Quoi ?

— Ben… à partir de quand on peut dire qu'on sort avec quelqu'un ?

— Heu… le lien, Emma ? Tu penses tout de même pas que Jérémie et moi…

— NON ! Pas du tout.

— Ah.

— Mais… tu m'as demandé tantôt…

— Je t'ai demandé si tu sortais avec le Chung. Tu m'as répondu oui.

— Oui, je t'ai répondu oui.

— Bon.

— Mais en fait…

— Emma ?

— Quoi ?

— Tu m'as répondu n'importe quoi, fait Émily en souriant.

— Non non, je pense vraiment qu'on sort ensemble. C'est musti évident, non ?

— Évident ?

— Ben, quand tu nous vois, tu te dis sûrement : « Ils sortent ensemble, maintenant ! »

— Heu… non, Emma.

— On est allés au cinéma musti plein de fois. On a même mangé du poulet au beurre !

— Emmaaaa…

— Sérieusement, moi je trouve qu'on sort pas mal ensemble.

« Je rêve ? »

— Emma ?

— Moui ?

— Qu'est-ce que ça veut dire pour toi, « sortir ensemble » ?

— Ben, c'est justement la question que je te pose depuis tantôt ! dit Emma avec humeur.

Le bord de son gobelet est entièrement déroulé maintenant. On dirait une sculpture contemporaine.

Émily sourit.

— Est-ce qu'il t'a demandé de sortir avec lui ?

— Ben, il me demande souvent de faire des sorties.

— Emma !

— Non. Non, il ne m'a jamais demandé officiellement de sortir avec lui, répond Emma sentencieusement. Mais ça veut rien dire. Non ?

« En effet. William et moi n'avons jamais vraiment parlé de ça. Et on sort ensemble. Mais… »

— Toi et Will, comment… heu… comment vous avez su que… vous sortiez ensemble ?

— On a, disons, deviné.

— Deviné ?

— Ouais.

« Top pas clair comme explication. »

— Emma, poursuit-elle, William m'a quand même dit qu'il m'aimait.

« Top youpi ! Miumi ! Vive la vie ! »

— Oh. Oui, c'est vrai.

— Il faudrait peut-être que tu dises au Chung que tu l'aimes.

— ES-TU FOLLE ?

— Pourquoi tu cries ? C'est pas vrai que tu l'aimes ?

— Oui mais… C'est pas au garçon de dire ça ?

— Emma, on est dans les années 2000.

— Je sais. Je sais.

Émily a une furieuse envie de rire, mais, devant l'air désemparé d'Emma, elle se retient.

— Ça veut dire que vous vous êtes jamais embrassés encore ? demande-t-elle, mine de rien, les yeux sur son propre gobelet de chocolat.

— Non, répond Emma presque dans un murmure.

« Il me semblait aussi ! »

Le gobelet d'Emma n'est plus qu'un petit tas de morceaux de carton déchiré.

— Je sais pas comment faire ! explose-t-elle, en larmes. Je sais pas comment embrasser, je suis musti épaisse.

« Oh ! Mon ! Dieu ! »

— Emma ! C'est pas grave, déclare vivement Émily en s'asseyant à côté d'elle.

— Oui, c'est MUSTI grave. J'ai peur. Je suis terrifiée. Le jour où ça va arriver, qu'est-ce que je vais faire ? Oh, pourquoi on peut pas sortir ensemble sans s'embrasser ?

— Franchement, Emma !

Ben quoi ? Tout serait tellement plus simple !

« Heu… mais moins agréable ? »

— Emma, t'es peut-être juste pas prête, c'est tout !

— Oui mais si, lui, il l'est ?

— Il t'en a parlé ?

— NON !

— Bon.

— Mais SI il est prêt, lui ?

— Attends qu'il t'en parle avant de stresser, dit Émily qui a de plus en plus de difficulté à ne pas s'écrier « BLAGUE ». De toute façon, je pense qu'Elton a pas l'air très pressé, lui non plus.

— Qu'est-ce que tu veux dire ?

— Ben, il t'en a jamais parlé, il t'a jamais dit qu'il t'aimait et il a l'air heureux quand même.

— C'est musti vrai, ça ! ! ! Peut-être qu'il m'aime pas ! s'écrie Emma en pleurant de plus belle.

— Recommence pas comme l'année passée, Emma ! Il est coincé, lui aussi. Vous êtes deux coincés. Ça vous a pris trois ans avant de vous parler, tsé !

— Ben, c'est mieux ça que d'être une guidoune !

— Une quoi ? Hahahahahaha !

— C'est vrai ! martèle Emma en essuyant ses larmes.

— Une guidoune ? T'as vraiment dit le mot « gui-dou-ne » ?

— Oui.

— Emma, je t'annonce officiellement que tu n'es pas une guidoune.

— Merci.

— Bon.

Les deux filles restent en silence quelques secondes.

— Tu l'as entendu, avec Romane ? souffle Emma.

— Qui ?

— Elton !

— Quoi ?

— Ben, il arrêtait pas de s'extasier. Le beau look. Le beau look.

— J'ai pas remarqué, ment Émily.

— Tu penses que je devrais m'inquiéter ?

— Du fait que tu n'as pas ce genre de look ?

— C'est ce que je pensais ! fait Emma en se remettant à pleurer. J'ai pas du tout ce look, hein ?

« Ah ! C'est pour ça, le bracelet à pics ! » réalise Émily.

— Emma ! Arrête de pleurer.

— Je peux PAS. Je fais juste pleurer depuis des jours. Je DÉTESTE être amoureuse.

Émily sourit en regardant son amie.

— Je sais, se contente-t-elle de répondre. Je sais.

17.

— Nous allons commencer avec Émily, lance Madeleine Aubin du fond de la salle, dans sa grande blouse argent et son legging vert.

« Toujours aussi daltonienne, elle ! »

Les autres académiciens s'assoient par terre, soulagés.

— Pourquoi moi ?

Ses compagnons ont l'air heureux de ne pas avoir à briser la glace. Même Amanda sourit comme Bruce, le requin dans le film *Trouver Némo*.

« Top injuste. »

Madeleine et Bastien s'assoient également avec leurs carnets de notes respectifs. En se dandinant, Mark Bonin invite Émily à venir près de lui.

— À toi l'honneur, dit-il en souriant avec compassion, tout en lui tendant le micro. Mais ça va bien aller, tu vas voir. Bebop bididou ! ajoute-t-il pour l'encourager.

— Est-ce qu'on peut prendre quelqu'un d'autre que moi ? demande Émily en hésitant devant le micro. Parce que, moi, l'honneur… heu… ça me fait pas si plaisir que ça.

Madeleine Aubin éclate de rire.

— Te défile pas, Émily ! crie Abiel.

— Est-ce qu'il y a eu un genre de tirage au sort ? demande Kathryn.

— Émily, achète des billets de loterie ! fait Thomas en riant. La chance tourne !

— Hahahahahahaha !

— Riez pas trop, ça va être votre tour après moi ! lance Émily.

— OK, on fait ça simple au début, ma belle, déclare Madeleine en passant sa main sur sa tignasse rouge, tenue en l'air par une baguette chinoise.

« Le lien de la Chine avec le legging vert ? »

« Le thé vert ! Ouarf ouarf ouarf ! Je suis hilarante. »

— Pour les répétitions d'aujourd'hui, on travaille avec l'accompagnement instrumental qu'on vous a remis hier, et non avec les musiciens. L'intégration des musiciens ne se fait qu'à la générale.

« Oh ! Mon ! Dieu ! Je vais chanter avec un orchestre ? ! »

Émily a répété son numéro dans le solarium toute la soirée avec la bande sonore devant l'air indifférent d'Ann la lézarde. Et malgré son « piiiiiiis ? » façon Monique, Ann n'a rien rétorqué.

— Tu pourrais au moins me faire un petit commentaire, a dit Émily à son iguane, resté de marbre devant ses performances répétées. Un petit bravo, quelque chose !

Jamais en cours de répétitions elle n'avait réalisé que la présentation au gala se ferait avec des musiciens professionnels !

« J'aurais top dû y penser ! »

— Alors, tu nous fais ta proposition, tu t'amuses et on travaille à partir de ça. Tu es prête ?

« Je m'amuse ? Heu… non ! Je ne m'amuse pas du tout. »

— Je vais essayer, répond Émily en serrant le micro entre ses doigts.

— Émily, ma choupette, tu brises la glace, c'est pas facile, on le sait, ajoute Bastien. Mais c'est important qu'on perde pas de temps, tu embarques tout de suite comme une pro, s'il te plaît.

— Oui, OK.

— Je sais que c'est difficile, ajoute Mark Bonin avec compassion. Tu sais, même si je suis chanteur professionnel depuis des années, je déteste toujours être le premier à chanter lors de répétitions.

— Ah oui ?

— Mais oui.

— Tu répètes, même si t'es populaire ?

— Bien sûr ! Lors des spectacles, des galas… Il y a toujours des répétitions techniques !

« Alors même Lola Smith a dû vivre ça lors des répétitions du gala MUSIC auquel elle a participé l'année dernière… », se dit Émily, en se sentant épaulée virtuellement par la chanteuse la plus populaire de la planète.

Elle prend donc une grande inspiration. L'échauffement vocal qui a eu lieu avant la répétition a porté ses fruits : son corps est prêt, sa voix aussi. Finalement, être la première lui donnera cet avantage sur les autres.

— Je suis prête.

— *All right*, les cocos. On lance la piste, fait Bonin avec son petit déhanchement boninesque qu'Émily a finalement appris à apprécier.

L'intro de *Don't Stop the Music* se fait entendre dans les haut-parleurs du studio. Le rythme du cœur d'Émily s'adapte à celui de la musique. Elle laisse entrer celle-ci dans son corps par les pieds, comme une vague chaude. Elle approche le micro de sa bouche et…

— Stop, dit Madeleine.

« Quoi ? »

— OK, je pense qu'ici il faudrait déjà que tu bouges. Tu vois ? Cette chanson parle d'une fille qui se prépare à aller danser. Peut-être pourrais-tu enfiler une veste ou…

— Oui, il lui faudrait un micro sans fil, lance Bonin en direction du technicien qui arrache le micro des mains d'Émily pour le remplacer par un micro-casque.

« Heu… hé… ? »

— Tu en as déjà porté un ? demande le technicien en lui plantant le micro-casque sur la tête.

— Heu… non.

— OK, tu l'ajustes par la gauche, comme ça.

— Oui, mais…

— Ensuite, le micro ne doit pas être trop près de la bouche. Trouve ta zone de confort.

« Ma quoi ? »

— On est prêts ? les interroge Madeleine.

— Oui, répond le technicien.

— Heu… le casque tombe, fait Émily qui sent glisser l'appareil jusque dans son cou.

— Ajuste le, répète le technicien.

— OK, tu prends ça, lui dit Madeleine en lui tendant une veste, tu l'enfiles comme si tu te préparais pour sortir, tu passes une main dans tes cheveux, tu ajustes le rouge à lèvres, tu vois le genre, Émily ?

— Heu… oui, mais…

— On essaie ça. Allez, en piste !

« Quoi ? Quoi ? Au secours ! »

La musique emplit de nouveau le studio. Le casque d'Émily glisse dangereusement vers l'arrière. En voulant enfiler sa veste, elle s'empêtre dans les manches retournées, le micro glisse toujours et finit par cogner sur sa bouche en créant un bruit fort désagréable dans les haut-parleurs. CROUCH !

— Stop.

« AU SECOURS ! »

— Émily, ajuste ton casque.

— Peut-être que la veste pourrait être remplacée par un sac en bandoulière, suggère Bastien, ou bien…

— Émily, intervient Bonin, travaille la rondeur de ta voix. Oublie pas ce qu'on a dit pendant l'échauffement vocal. La rondeur !

— Travaille du bassin aussi pour un déhanchement plus réussi, ajoute Bastien.

— Je comprends plus rien ! ! crie Émily, sur le point de pleurer.

Le micro de son casque a glissé jusque sur son menton, elle se sent boudinée dans sa veste de travers et un horrible tournimini lui fend le ventre en deux. Son nez surchauffe comme un radiateur.

— Attendez, c'est son casque, dit Bonin qui la rejoint en trois enjambées de dindon et ajuste l'appareil pour elle.

Émily lui jette de grands regards de détresse.

— Ça se passe très bien, ma belle, la rassure-t-il. Quand le casque va être installé, ça va aller mieux.

— On reprend ? fait Madeleine.

— Est-ce qu'Émily pourrait juste faire quelques tests de son avec le micro-casque avant ? demande le chanteur.

— Bien sûr ! répond Madeleine. Pauvre pinotte. Essaie-le avant.

Émily veut mourir. Les autres candidats la regardent avec attention. Amanda a l'air aux anges. Kumba fronce les sourcils. Jérémie a l'air anxieux. Personne n'ose rien dire.

— Vas-y, lance Bonin. Chante pour voir.

Émily commence à chanter un couplet a capella. Rapidement, elle prend de l'assurance, découvrant la liberté de mouvement que lui procure l'appareil.

« Hé ! C'est génial, ce truc ! »

— Bouge, déplace toi. Ça tombera pas, dit Bonin en agitant les hanches. Tu peux chanter plus fort aussi.

Effectivement, Émily peut bouger à sa guise, sauter, tourner, frapper des mains tout en chantant.

— C'est comme un micro normal ! s'exclame-t-elle. Coucouuuuuuuu !

Sa voix résonne dans tout le studio, ce qui déclenche les encouragements des autres : ils se mettent à siffler pour montrer leur soutien.

— T'es plus à l'aise maintenant, choupette ? demande Bastien.

— OUI ! répond-elle en levant les bras.

— OK, on lance la musique.

Les premières mesures de la chanson résonnent de nouveau.

— *Please don't stop the muuuuusic.*

Émily voit que Kumba a commencé à bouger les épaules ; Nathan hoche la tête sur le rythme ; Abiel a l'air ravi, les yeux fermés. Ça y est. Elle les tient. La magie a encore opéré. Sa voix est de nouveau entrée dans les veines de ceux qui l'écoutent.

— *It's getting late…*

Les mots déboulent, la vague grossit.

— *I waaaanna take you away…*

Émily s'est envolée, habitée par le son dans tout son corps. Et…

— Stop !

— OK, ici on pourrait peut-être faire un petit changement, presque chuchoter peut-être…, propose Madeleine.

— Oui, un ton un peu plus intime ici, acquiesce Mark Bonin. Tu pourrais regarder par terre pendant ce passage.

— C'est aussi le temps d'être un peu plus voluptueuse, dit Bastien qui se lève pour lui montrer quelques pas qu'elle pourrait faire. Comme ça, peut-être, Émily ? Un *step back* et puis…

Émily reste sonnée quelques secondes, sous le choc d'avoir été interrompue.

— C'était mieux devant mon iguane, s'entend-elle dire.

— Quoi ?

« Je me comprends. »

— C'est pas bon, ce que je fais ? demande-t-elle, incrédule.

Bastien éclate de rire.

— C'était extra, ma choupette. Tu as une voix magnifique. Mais on est ici pour créer un solo ensemble. Ça s'appelle des répétitions ! Répétitions comme dans « on répète ».

« Top humiliant ! » pense Émily qui souhaite de toutes ses forces se transformer en taupe : rentrer sous terre et s'y creuser une galerie où rester cachée pour toujours.

Mais Madeleine semble avoir lu dans ses pensées. Elle se tourne alors vers les autres candidats.

— Ouvrez grand vos yeux et vos oreilles, les enfants. Parce que quand ce sera votre tour, on va s'attendre à ce que vous ayez compris ce qu'on veut et on va être moins tolérants qu'avec Émily.

— On recommence, ma choupette, dit Bastien en lui souriant gentiment.

— Bi-bop bi-didou ! lance Bonin en claquant des doigts.

Humilité : Un.

Ego : Zéro.

18.

— Est-ce que j'apporte mon réveil-vache? demande Émily.

Le solarium est sens dessus dessous. Des vêtements jonchent le sol, le lit et le bureau. Pourtant, la grande valise éventrée au milieu de la pièce regorge déjà d'objets.

— Je ne sais pas, répond Emma, toute petite au milieu du fouillis. Tu l'utilises encore?

— Non, mais il me semble que ça me rassurerait de l'avoir avec moi. Si ça se passe mal, ça me fera rire. Ça m'a beaucoup aidée en première secondaire.

Émily regarde l'objet avec émotion. Elle l'avait complètement oublié, et c'est en fouillant ses tiroirs pour faire ses bagages qu'elle l'a découvert sous des piles de feuilles.

— Je suis pas certaine que ta camarade de chambre va apprécier d'entendre une vache meugler tous les matins.

— Ouais, t'as peut-être raison.

— Ça serait musti chouette que tu sois avec Kumba.

« Pourquoi ai-je l'impression d'avoir autant changé depuis l'époque de ce réveil-vache ? se demande Émily en redéposant l'objet dans le tiroir. Il y a eu l'épisode Luc Trahan, le *band* de Jérémie, la marche des oiseaux, le camp d'été, les auditions... Et maintenant... »

— Émily ? À quoi tu penses ?

— Je me disais qu'il s'est passé beaucoup de choses en deux ans.

— Oh. Tu fais ton genre de bilan d'année ?

— Un bilan ? Heu... le lien ?

— Tu fais pas ça, toi, des bilans ? Une réflexion sur ta vie, comment tu as vécu ton année, ce genre de chose. Moi, je fais ça chaque 1er janvier. Pis celui de cette année, il a été musti cool. Avec Elton et tout. Mon... évolution d'amitié avec lui.

— Wow. T'es vraiment la personne la plus sérieuse que je connaisse, Emma Nolin, dit Émily en lui souriant. Un bilan ! Top flyé.

— Ben quoi !

— Tssss.

Émily regarde son solarium. Elle ne peut le nier, elle se sent très émotive. Comme si le début d'une nouvelle vie se dessinait.

— La première fois que je suis venue ici, poursuit Emma, on a dansé en chantant sur ton lit. On se faisait croire qu'on était des célébrités.

— Tu t'es jetée par terre en voulant faire du *body surf*! s'esclaffe Émily.

— Hahahahahaha !

— Ouais.

— C'est fou de penser que, maintenant, t'es une vraie célébrité, déclare Emma.

— Ben, exagère pas, personne me connaît. On se calme.

— Non, mais après-demain, toute la province va te connaître. Tout le monde va écouter StarAcAdo ! Les pubs passent sans arrêt.

C'est vrai. On ne parle que de StarAcAdo à la télévision et dans les magazines. Mais aucun magazine ni aucune émission de télévision n'a encore divulgué le nom des académiciens.

— Vos identités seront dévoilées le 4 janvier devant tout le monde, en direct ! poursuit Emma. Et là, tu seras célèbre, ma vieille.

— Hum.

— Et moi, je vais être la meilleure amie d'une vedette ! ajoute Emma en souriant.

« Oh ! Mon ! Dieu !... Et si c'était vrai ? Si ça se passait comme ça ? »

— Tu veux vraiment apporter TOUT ÇA ? l'interroge Emma en jetant un regard panoramique sur les vêtements épars.

— C'est top compliqué de savoir quoi apporter. Tout à coup j'oublie quelque chose d'important ?

— Tu demanderas à ta mère de te l'apporter, répond Emma, pragmatique, en levant un bras. C'est pas comme si tu t'en allais à Djibouti. Tu t'en vas à une dizaine de stations de métro d'ici.

C'est alors qu'Émily remarque fugitivement un dessin sur l'avant-bras d'Emma.

— Hé ! Qu'est-ce que...

— Oh ça ? Je me suis amusée à dessiner sur ma peau avec du eye-liner.

« Le lien ? »

— Du eye-liner, Emma ?

— Oui ! C'est musti parfait ! Ça part pas dans la douche ! Ça part juste avec du démaquillant et une grosse brosse.

— Le tatouage parfait, autrement dit ?

— C'est ça ! confirme Emma, fière de son idée.

« Emma a un tatouage ! »

— Tu aimes ? demande Emma, tout sourire, en exhibant son dessin non figuratif.

— Heu...

« NON ! ? ! »

Mais Émily n'a pas envie de crever la bulle de bonheur de son amie. Après tout, elle n'a pas toujours été d'une intelligence à toute épreuve quand elle tentait d'attirer l'attention de Jérémie ou de William. Alors…

— J'adore, Emma ! lui répond-elle dans un grand élan d'enthousiasme. C'est très fort comme idée.

— Je sais. Je suis vraiment musti cool.

— Maintenant, aide-moi à me sortir du caca de bagages !

— On va faire une liste, ça aide toujours, affirme Emma en s'emparant d'un papier et d'un crayon. Nomme-moi les articles essentiels auxquels tu penses.

— OK… J'ai besoin de mes accessoires de toilette, de mon séchoir, de ma brosse, d'un rasoir, de mon déodorant, d'élastiques, de mon fer plat, des…

— Oublie pas les fournitures d'école !

— Oh, c'est vrai ! Mes cahiers, mes livres, ma trousse à crayons, mon iPad, mon iPhone, mon MacBook…

— On dirait une publicité pour Apple, rigole Emma.

— Non non, ma clé USB est une Sony.

— C'est scandaleux ! dit Emma en imitant Alain.

— Hahahaha !

— Et Ann2 ! s'écrie Emma. N'oublie pas Ann2 !

— Oh, mon Dieu, oui ! Il faut donc noter : l'aquarium, les sachets de grillons grillés…

Emma chantonne « grillons grillés » en écrivant frénétiquement sur la feuille.

— Musti cool que tu puisses prendre Ann2 avec toi, dit-elle en regardant le reptile d'un air attendri.

— J'aurais pris la vraie Ann, si tu veux mon avis.

— Je l'adore, cet iguane.

— Elle a même pas l'air d'apprécier. Pfff.

— C'est une timide, c'est tout.

— N'importe quoi, Emma. C'est une sans-cœur. Bon. Pour les vêtements, je vais prendre… heu…

— Commence par les culottes, les bas…

— Oh, mon Dieu ! J'aurais oublié ! Emma ! Je serais partie sans petites culottes ! Je capote. Je l'ai pas pantoute. Tu vois bien que je l'ai pas pantoute !

— Je suis là, calme-toi, à deux on va y arriver. Et puis, tu pourras compléter demain si tu sens que tu as oublié quelque chose.

— Je pense pas, Emma. C'est la générale demain. On répète de sept heures du matin à onze heures du soir.

— C'est musti débile, ça.

— Oui. Mais top excitant aussi. On va enfin être dans le vrai studio. Avec les costumes, l'éclairage et tout.

— MUSTI COOL !

— OUIIIII ! s'écrie Émily en s'asseyant sur les piles de vêtements, sur son lit. Le numéro solo qu'on a monté est teeeellement bon. J'ai top hâte que tu le voies ! !

Juste d'en parler, Émily sent un frisson d'excitation s'emparer d'elle. Un mélange de peur panique et de bonheur concentré. « Top hétérogène. »

— C'est fou, ce qui t'arrive, souffle Emma, extatique.

— Ouais, je sais.

Les deux filles se sourient.

— Pense à moi si tu fais du *body surf*.

— Je pense pas que ça ira jusque-là, Emma.

— On sait jamais. Si ton solo est si bon que ça…

— Il est génialissime ! la coupe Émily. Jérémie danse vraiment trop bien. Bastien capote sur lui. Il improvise, pis on dirait Michael Jackson ! Pis avec le chœur en arrière…

— Le chœur ? Il y a un chœur ?

— Tu vas voir…, murmure Émily, mystérieuse.

— Comment ça se passe, les filles ? fait la mère d'Émily qui vient de glisser sa tête dans l'entrebâillement de la porte du solarium.

— Mal, répond Émily, dépitée. Mes choses entreront jamais dans la valise. On pourrait pas en acheter une plus grosse ?

— Ém, tu as déjà une valise de la grandeur du lac Ontario ! déclare Emma. Tu seras même pas capable de la transporter toute seule.

— Appelle-moi pas Ém, Emma !

— C'est vrai, ma loulou. Tu as déjà une très grosse valise ! confirme Annick en esquissant un sourire en coin.

— Mais comment je vais faire ?

— Tu n'as pas des habilleurs là-bas ? demande Emma. Tu ne porteras même pas tes vêtements dans les galas ! Alors, tu pourrais presque ne rien apporter et ce serait correct.

— Tu capotes, Emma ? Ça, c'est juste le dimanche ! Et toute la semaine je vais être devant les caméras ! Je suis pas pour être toujours habillée pareil !

Annick réprime un rire.

— Non mais, c'est vrai ! Pourquoi on a pas un uniforme ? Un costume obligatoire ?

— Un costume ?

— Ouais ! Un survêtement de sport avec StarAcAdo imprimé dans le dos !

— Pffffff ! Hihihihi !

— Hahahahahahaha !

Émily regarde sa mère et sa meilleure amie rire de bon cœur.

« Quoi, c'est pas une bonne idée ?... »

19.

— Qu'est-ce qui se passe ? demande Madeleine d'en bas.

« Oh ! Mon ! Dieu ! Je peux pas y aller. »

C'est un cauchemar. Un véritable cauchemar.

Émily est debout devant la passerelle d'éclairage, agrippée au mur, à des dizaines de mètres du sol. Les autres sont déjà en place tout près des projecteurs, chacun attaché au harnais qui le descendra jusqu'à la scène dans un effet spectaculaire.

« Je pourrai jamais me rendre ! »

Quand l'équipe a parlé de faire descendre les candidats du plafond, Émily a jubilé, comme tout le monde. Elle n'a pas réalisé que ça impliquait de réellement DESCENDRE DU PLAFOND.

— La passerelle est solide, Émily, dit le technicien. C'est pas dangereux !

« C'était une idée débilos de descendre du plafond ! DÉ-BI-LOS ! »

— Vas-y à quatre pattes ! suggère Nathan, qui attend comme tous les autres qu'Émily prenne sa place afin de répéter le numéro d'entrée.

— Oui, bonne idée ! acquiesce Kathryn.

— Pourquoi à quatre pattes ? demande le Musclé.

« Hu-mi-li-a-tion. »

— Je suis pas capaaaaable de bougeeeer, lâche Émily, au bord des larmes.

« OH MON DIEU ! »

« Ce mois-ci dans *Fun Fun* :

« ÉMILY FAUBERT, CANDIDATE DE STARACADO, ABANDONNE LE CONCOURS POUR CAUSE DE VERTIGE.

« Tous les détails à l'intérieur. »

« Oh ! Mon ! Dieu ! »

— Qu'est-ce qui se passe en haut ? s'égosille Madeleine Aubin.

— C'est Émily, dit Amanda, assise sur sa passerelle, les pieds ballants. Elle veut plus faire le numéro.

« Je veux mourir. Maintenant. »

— Émily ? crie Aubin.

— Je m'excuse, répond Émily, les doigts tout blancs à force de tenir le câblage.

— Merde! lâche le technicien.

— Attends, bouge pas! lance Jérémie en détachant son harnais et en empruntant une autre passerelle vers elle.

Émily est tétanisée. Le sol lui semble tellement loin. Et les lumières sont allumées! Qu'est-ce que ce sera quand tout sera noir? Et que la salle sera pleine à craquer sous elle?

— Nik, l'appelle doucement Jérémie en lui tendant la main. On va y aller à deux, d'ac?

C'est maintenant Kumba qui détache son harnais pour aller à leur rencontre.

— Ça va, Émily?

— Noooooon, fait-elle en reniflant ce qui lui semble un litre de morve.

Mais Jérémie, mine de rien, tente de l'entraîner un peu plus loin sur la passerelle.

— Regarde, c'est solide.

— Je vais tomber, je vais tomber, répète Émily, aveuglée par les larmes, en serrant la main de Jérémie. Je ne veux plus faire StarAc-Adoooooooooooooooo!

— Allez, Émily! l'encourage Kumba. T'es capable de passer par-dessus ça!

— Brusque-la pas, Kumba! grogne Jérémie, fâché.

— Relaxe, Jé ! rétorque Kumba. Qu'est-ce qui te prend, toi ?

— Qu'est-ce qui se passe là-haut ? crie cette fois Mark Bonin, aux côtés de Madeleine Aubin.

Émily pleure éperdument. Son rêve est fini. Terminé. Envolé en fumée. Elle a peur. Elle est terrifiée. Elle ne pourra jamais descendre du plafond. Elle le sait.

— Émily ? dit la voix de Bastien. Tu m'entends ? Descends par l'escalier, ma choupette. Viens nous rejoindre en bas.

Amanda soupire bruyamment alors qu'Émily s'engage dans l'escalier, les jambes tremblantes. Elle arrive au sol complètement défaite, le cœur tellement gros qu'elle ne peut même plus parler.

— T'as le vertige, choupette ? demande Bastien.

— Grounchouif, répond-elle, les cordes vocales liquéfiées.

— Pourquoi tu ne l'as pas dit avant ?

— Par… ce… queee… jeeee… fiiii…, parvient-elle à hoqueter.

— Arrête de pleurer, ma pinotte, fait Mark Bonin en la prenant dans ses bras, c'est pas bon pour ta voix demain.

— Ma… voix… demain ? glisse Émily entre deux hoquets. Mais… je… pensais… que… que…

— Tu descendras pas du plafond, c'est tout ! déclare Mark dans un éclat de rire. C'est pas grave. On va s'arranger pour que ça ne paraisse pas. Mets-toi pas dans des états pareils ! Pas pour du spectacle !

— Mark, ça gâche un peu le numéro, quand même, fait remarquer Madeleine Aubin, les sourcils froncés.

Émily ravale péniblement sa salive.

— Madeleine, franchement ! rétorque Bonin. Elle a peur. On est pas pour la forcer ! Elle entrera par la scène au moment où les autres atterrissent. C'est pas plus compliqué que ça.

— Mouais. Bon. Vous êtes prêts, en haut ? lance Madeleine aux autres.

« Je ne suis pas renvoyée ? ! ! Je ne suis pas renvoyée ! ! ! »

— OK, on y va ! ordonne madame Aubin.

Lentement, les camarades d'Émily descendent tous au même rythme, attachés par un gros câble noir. Elle sait qu'avec les éclairages, ils auront l'air de tomber du ciel comme par magie. Mais l'effet est déjà saisissant.

— Très joli ! s'exclame Madeleine en tapant des mains. Très joli !

— C'est haut, madame Aubin ! constate Thomas en touchant le sol.

— Cooooool *man*, fait Abiel en souriant.

— On le refait une autre fois pour être sûr, dit Bonin. On remonte, les cocos.

— Hé ! Il en manque un ! beugle le régisseur.

— Non, Émily descend pas, répond Bonin.

— Il en manque un autre !

— Qui est pas descendu ?

— Julien ! Julien ? crie Madeleine vers le plafond.

— Oui, je suis là !

— Ça va ?

— Mon lacet est pris dans la passerelle !

Bonin soupire.

— Retire ton soulier et descends !

— Merci, lui dit doucement Émily.

— Ta voix, on peut pas s'en passer, ma chérie. Alors, le reste, on va faire avec.

Amanda s'approche d'elle, affichant un air compatissant. Elle lui prend les mains.

— Paaaaauvre Émily, souffle-t-elle, et Bonin sourit devant un tel élan d'amitié.

Mais Amanda ajoute tout bas, perfide :

— Tu seras toute bouffie pour le gala demain.

20.

— Nerveuse ? demande William.

— Correcte.

Les deux adolescents sont arrivés devant les studios. Un grand escalier se dresse face à eux. Dans un instant, Émily l'empruntera pour atteindre le hall d'entrée. William a tenu à l'accompagner jusqu'à la porte pour le grand soir. Et même s'il n'est que très tôt le matin, en raison de la générale et des essayages, Émily réalise qu'elle ne retournera pas à la maison. Ni ce soir ni les autres soirs.

— Mes parents vont venir au gala, dit William. Avec Emma et Elton, on va être une gang de fans dans la salle ! Et mon père crie très fort, tu sais.

— Je vais vous réserver des places à côté de celle de ma mère.

— Je devrais aller l'aider, déclare William en rigolant. Ta valise est vraiment énorme! Ta mère va vraiment la transporter toute seule?

— Je sais, répond Émily en riant. Oui, ce serait gentil.

— T'as repensé à ma proposition de me mettre dedans?

— Oui, mais, finalement, j'ai eu de la misère à trouver le miniaturiseur.

— Un peu plus pis t'avais pas besoin de me miniaturiser! Je pense que ta valise est tellement grosse que je rentre dedans debout.

— Hahahahaha!

William prend Émily dans ses bras et celle-ci enfouit son nez dans son cou.

— Je suis terrifiée, Will, avoue-t-elle.

— T'as dit quelque chose? demande-t-il en se détachant doucement.

— Non, rien, ment-elle.

— Tu vas être parfaite, lui assure William en la regardant dans les yeux. Tout va bien se passer.

— J'ai hâte que tu voies le spectacle! Pis, en même temps, je trouve ça dur de savoir qu'on pourra pas en parler ensemble après.

— On s'en parlera à l'école. Pendant le cours d'anglais.

— Hahaha!

— Ouais.

— Je sais pas comment je ferais pour tenir le coup si on allait pas à la même école, Will.

Celui-ci sourit.

— Vive Saint-Preux !

— Hahahaha !

— T'as mis mon médaillon, dit-il, tout sourire, en montrant du menton la note en argent dans son cou.

— C'est évident que je l'ai mis ! ! ! C'est mon porte-bonheur.

— Oublie pas de t'amuser, hein ? ajoute-t-il.

— Je sais pas comment je pourrais ne pas m'amuser ce soir ! répond Émily, sa voix trahissant de nouveau son excitation. Tu vas voir. Tu vas triper sur mon solo ! ! !

William sourit en baissant les yeux.

— Au cas où tu me trouverais pas, puisque je descends pas du plafond, je serai la fille habillée en rose fluo, précise Émily.

— Et moi, je serai celui qui t'aime dans la salle.

Elle se blottit de nouveau dans ses bras.

« Merci, Will », pense-t-elle.

— Alors, Nik ? C'est lui, ton bagage ?

Jérémie s'est matérialisé à leurs côtés sur le trottoir. Il traîne un gros sac sur roulettes et sourit de sa blague.

— Salut, Jérémie, fait William, laconique, hochant la tête avec le minimum de politesse requis.

— Salut, vous deux, répond Jérémie avec son sourire étincelant de conquérant.

Émily doit admettre qu'il n'est jamais aussi beau que lorsqu'il sourit de cette façon.

« Pourquoi ?... »

— C'est ma mère qui apporte ma valise ce soir, lui répond Émily en rigolant.

— Il y en a, des chanceux.

— Hé ! J'ai rêvé que je tombais du plafond la nuit dernière, dit-elle encore, joyeusement. Je m'écrasais à terre toute seule comme un poids mort. Personne m'a rattrapée. T'étais où ?

— En congé, répond Jérémie. Ça arrive.

— Hahahahaha !

— Bon ben, je vais y aller, lance William.

— Tout de suite ?

William se penche doucement vers son oreille.

— Prends soin de toi là-bas, chuchote-t-il avant de l'embrasser sur le front.

— OK.

Il sourit.

— Bonne chance, Jérémie..., ajoute-t-il à l'intention de son camarade d'école

Étrangement, Émily a l'impression que le « bonne chance » un peu acerbe lancé par William ne s'applique pas à StarAcAdo.

— Yep, rétorque simplement Jérémie.

William fait quelques pas jusqu'à la rue transversale. Il se retourne une dernière fois pour sourire à Émily et lever ses deux pouces en l'air à son intention. Puis il tourne le coin.

Émily sent son cœur bondir dans sa poitrine, comme chaque fois qu'il l'embrasse ou la regarde de cette façon. « Boum boum boum boum. »

— Toujours aussi parfait, le prince charmant ? raille Jérémie en esquissant quelques pas de danse.

— Toujours, oui, répond Émily, les yeux brillants. L'amour, Jérémie, c'est top. Un jour, ça t'arrivera. Et tu comprendras.

— Oh, je comprends plus que tu penses. Mais, en attendant, c'est avec toi que je danse ce soir. Et ça me va parfaitement comme feeling.

Émily rit.

— Après vous, starlette, lance-t-il en lui faisant signe de monter les marches avant de remettre son lourd sac sur son épaule et de la suivre dans l'édifice.

Alors que le duo Saint-Preux entre à Inter 3, au coin de la rue, les mains dans les poches, William prie pour la première fois de sa vie.

Que rien ne change. Que rien ne change.

Au centre-ville, au centre-ville,
Les bouteilles chantent,
La nuit pétille,
Le temps défile, le temps défile,

— Les sœurs Boulay, *Au cœur des filles*

21.

— Il faut que les bretelles soient ajustées, comme ça. Tu en laisses tomber une sur le côté, et tu t'arranges pour que l'autre demeure sur ton épaule, dit l'habilleuse.

— Je comprends pas, répond Kathryn, butée. Pourquoi ne pas mettre les deux bretelles ? C'est idiot !

Émily est aux anges depuis le début de la matinée. Les essayages la rendent fébrile, et le costume rose fluo qu'elle enfilera pour le numéro d'ouverture est une merveille. Rose.

— Apprenez à vous changer en peu de temps ! Vous n'avez que quelques minutes parfois entre les numéros, lance Lee en quittant la loge des filles pour se rendre dans celle des garçons.

— Non, mais c'est vrai, regarde, Émily ! poursuit Kathryn. Je mets juste une bretelle ! Tu trouves pas ça étrange ?

— Mais c'est joli comme ça ! Ça fait années 1980 ! intervient Kumba en enfilant un legging doré.

— Dans les années 1980, les gens ne mettaient qu'une bretelle ?

— Oui, on montrait souvent une épaule nue, déclare Amanda en soupirant si fort qu'il ne doit plus rester un millimètre cube d'air dans ses poumons.

— Mais pourquoi avoir cousu deux bretelles alors ? continue Kathryn. Tu crées un truc asymétrique, c'est tout ! Ou alors…

— C'est comme ça qu'on fait ? demande Émily à l'habilleuse en déroulant ses jambières roses.

— Re'honte aux che'hilles, répond celle-ci, des épingles dans la bouche. H'aisse de la place pour le pa'hin à rou'hettes.

« Le pahin à rouhettes ! »

— T'as l'air de Fraisinette, dit Amanda.

— Jalouse, rétorque Kumba.

— Heu… le lien, s'il te plaît ? Fraisinette est en rouge !

— Oh, zut, c'est moi, Fraisinette ! lance Kathryn dans son justaucorps grenat.

— Émily, regarde ça ! s'exclame Kumba en tournoyant devant elle dans un costume moulant entièrement doré.

— Oh. Mon. Dieu… Kumba ! C'est magnifique !

« Comment fait-elle pour porter du moulant aussi facilement ? Top moulant, top malaise ! »

— Oh, c'est beau ! T'as l'air d'un Oscar ! lâche Kathryn, le sourire fendu jusqu'aux oreilles.

— Ben là, Kathryn ! s'offusque Kumba. J'ai l'air d'une statuette ?

— Ben, d'une belle statuette.

— Ça va, les filles ? demande Lee, de retour dans leur loge.

— Non ! J'ai l'air coulée dans du métal, répond Kumba, vexée.

— C'est génial, Lee ! s'exclame Émily.

— Génial, tu parles, grogne Kumba. C'est pas toi qui as l'air d'un prix.

— Un prix prestigieux ! poursuit Kathryn en tentant par tous les moyens de se racheter.

— Oh, ça va !

— On va te faire une petite coupe de cheveux aussi, dit Lee à Kumba tout en tirant sur le bas de la jupe courte de Kathryn. Et toi, chiquita, c'est comme ça que tu dois porter cette jupe.

— C'est encore trop court ! gémit Kathryn, horrifiée.

— Vous allez me couper les cheveux ? fait Kumba, encore plus horrifiée.

— Juste un peu.

— C'est pas juste un peu court, insiste Kathryn. C'est très court !

— Vous allez me couper les cheveux très court ? s'écrie Kumba. Eille ! Je veux pas être rasée ! ! !

— On se calme, les filles ! ordonne Lee en sortant de nouveau de la loge, ses longs cheveux noirs lustrés flottant derrière elle.

— J'aime beaucoup les années 1980, finalement, déclare Émily, satisfaite de son reflet dans le miroir.

— *Everyday I'm shuffling*…, chantonne Kumba en esquissant les pas de la chorégraphie d'ouverture. Hé, regardez ! Avouez que vous avez jamais vu ça, un Oscar qui danse.

— Nounoune.

— Vous êtes sûres que je pourrai danser avec ça, moi ? demande Kathryn en touchant son justaucorps rouge.

— Bien sûr ! Pourquoi pas ?

— Ça me serre.

— Tu vas t'habituer, dit Émily qui prend place sur un tabouret en attendant que les autres aient terminé.

Elle remarque que Romane se bat toujours avec une camisole zébrée. Viva, elle, essaie en vain d'ajuster le blouson qu'on lui a donné à la hauteur de sa poitrine.

— Je vais avoir l'air d'une grosse patate avec ça ! fulmine-t-elle, malheureuse.

« C'est mieux avoir l'air d'une grosse patate… que d'une patate facile », pense Émily.

— Viva, tu vas briser le blouson si tu continues.

À l'autre bout de la loge, Amanda s'évente avec une feuille de papier. Elle porte un ensemble jaune citron qui laisse voir son nombril.

« Même son nombril a l'air chiant ! »

— Tous ces vêtements sont vraiment fluorescents dans le noir ? demande alors Kathryn à l'habilleuse.

— Oui ! C'est le but du numéro ! répond avec impatience la tête au-dessus du nombril.

— OK, plus que deux minutes, les filles, fait Lee en passant sa tête dans le cadre de la porte.

— Lee, j'aimerais VRAIMENT que mon blouson soit plus serré ! supplie Viva en tentant de le comprimer. Je vais faire tout ce que tu voudras. Je vais… je vais…

— Non. C'est comme ça qu'on porte les vêtements. Pas trop serré, juste assez.

— Mais… mais…

— Si on te le serre plus que ça, tu vas manquer de souffle pendant les numéros, poursuit Lee. Ta cage thoracique doit avoir tout l'espace nécessaire !

— Mais Leeeeeeee…

— Vous trouvez pas que j'ai l'air d'une… d'une… ? s'inquiète Kathryn en grimaçant, tout en essayant d'allonger sa jupe.

— Non, tempère Émily. T'es sexy. T'es juste pas habituée. Relaxe.

— Mais on passe à la télévision ! Toute ma famille va me voir comme ça. Et j'aime pas ça !

— C'est joli, Kathryn. C'est pas vulgaire. T'as même un short sous ta jupe !

— Quand même !

— EST-CE QUE QUELQU'UN PEUT VENIR M'AIDER AVEC CETTE CAMISOLE AVANT QUE JE LA JETTE AUX POUBELLES ? ! ! ! crie Romane, excédée, du fond de la loge.

Elle a un bras sous une bretelle, et son cou semble coincé dans l'autre. Ses bras, multicolores à cause des nombreux tatouages, s'agitent dans tous les sens.

— Au secours !

— J'arrive, Romane, dit Émily en riant. Hé ! Comment t'as fait ton compte ?

— Je comprends pas ! ! ! On dirait que les bretelles m'attaquent !

— Arrête de bouger deux secondes.

— C'est quoi, l'idée de mettre huit bretelles spaghetti après une camisole ? ! grogne Romane.

— C'est parce qu'elles sont croisées dans le dos, explique Émily en tentant de comprendre comment Romane a pu s'emberlificoter à ce point.

— Je DÉTESTE la mode ! ! ! ajoute Romane, de mauvaise humeur.

— C'est un secret pour personne, ça, persifle Amanda, appuyée au mur.

— Qu'est-ce que tu veux dire ? l'interroge Kumba en lui jetant un regard acerbe.

Mais Amanda se cure les ongles sans répondre. Puis, après un haussement d'épaules magistral, elle quitte la loge.

— Elle m'énerve, elle ! Elle m'énerve !

— Comment on peut détester la mode ? demande Émily à Romane en détachant tant bien que mal l'une des bretelles emmêlées dans son dos.

— Parce que c'est toujours compliqué ! répond Romane. Qu'est-ce qu'il faut mettre, avec quoi, et comment le mettre ! Ça m'intéresse pas, moi, ces affaires-là.

— Moi non plus ! lance Kathryn avec un grand sourire.

— Pourquoi je peux pas juste mettre un vieux t-shirt d'AC/DC pour le gala ? ! Hein ? ? ajoute Romane.

« Heu… Parce que ! »

— J'ai l'air d'un zèbre. Oh, je m'ennuie de mes vieux jeans !

— Ben, ils ont sûrement compris que tu aimais les vieilles affaires parce qu'ils t'ont donné des bas de nylon déchirés pour mettre avec ! déclare Émily qui se trouve très drôle.

— Non, ça, c'est parce que Romane est la « rebelle » du groupe, répond Kathryn. Vous avez vraiment pas encore compris qu'ils jouent avec les stéréotypes ?

— On bouge, les filles ! dit Lee qui vient encore de passer la tête dans la porte. Hop ! Au maquillage !

Les filles se suivent à la queue leu leu jusque dans une loge plus grande où se trouvent déjà les garçons. Les exclamations fusent de partout.

— Wahou ! s'exclame Thomas. Où sont nos amies ? Et vous, qui êtes-vous ?

— Hahahahahaha. Très drôle, rétorque Kumba.

— Heu… merci ? fait Émily, un brin vexée.

— Hé, Abiel ! Tu as mis de l'engrais sur tes cheveux ou quoi ? demande Kumba.

— Tu aimes ?

Abiel est coiffé d'une perruque de cheveux mi-longs et gaufrés à la Redfoo, et il porte plusieurs chaînes et pendentifs autour du cou.

Émily remarque alors que Kathryn et Romane sont frappées de « jérémanie ». Elles restent là à sourire bêtement, immobiles comme deux épouvantails un jour sans vent, devant l'adolescent.

— T'es… beau… heu… je veux dire : ton costume. C'est beau ! balbutie Kathryn.

Jérémie sourit de satisfaction.

— Arrête de faire le paon, Jé, dit alors Nathan en mettant une main en visière comme pour protéger ses yeux du soleil. Tu brilles trop, ça m'éblouit.

— Niaiseux ! réplique Jérémie en riant.

— Comment ça, « éblouit » ? fait le Musclé, vêtu d'une camisole mettant en valeur ses (trop) gros muscles.

— Kumba, viens ici, qu'on coupe un peu ta tignasse, lance Lee qui vient de faire irruption dans la loge en compagnie d'un coiffeur.

— Et si je refuse ? fait Kumba.

— Quelqu'un a de la glace ? demande alors Maxence, tout au bout de la loge, la main toute rouge et dangereusement enflée.

— Qu'est-ce qui se passe ? s'écrie Lee en se précipitant vers lui.

— J'ai voulu… heu…, dit le garçon en montrant le fer plat. C'est à cause de Tim Avicii…, ajoute-t-il piteusement. Il n'est pas frisé, lui.

22.

— OK, groupe, on monte.

Les académiciens suivent le technicien dans l'escalier de secours qui mène aux passerelles, tandis qu'Émily va directement dans les coulisses.

Ça y est.

La générale de l'après-midi s'est parfaitement bien déroulée. Et après un souper en commun particulièrement survolté dans la cuisine du studio Inter 3, c'est maintenant le temps de passer aux choses sérieuses.

C'est LE gala. Le vrai.

C'est maintenant.

« Je n'aurai jamais assez de souffle pour chanter », se dit Émily, paniquée, en sentant en elle une brutale montée d'angoisse.

Elle aurait préféré rester avec ses camarades et partager son trac avec eux, mais la voilà séparée du groupe, toute seule.

« Pour une stupide histoire de vertige ! »

Elle entend le bruissement de la salle pleine à craquer. Durant la générale, elle a pu apprendre à faire fi des énormes caméras volantes qui suivent tous ses mouvements sur scène. Mais elle avait oublié qu'il fallait y ajouter les bruits de la foule. Les quintes de toux, les éclats de voix diffus…

« Oh ! Mon ! Dieu ! »

Avant de laisser Émily dans sa coulisse, Thomas a demandé si Julien avait bien attaché ses lacets de souliers, ce qui l'a fait rire.

« J'aimerais être avec eux ! ! ! »

Maintenant, il ne reste que l'écho de son cœur qui bat aussi fort qu'une grosse caisse claire dans le défilé du père Noël. Boum ! Boum ! Boum ! Boum !

— Pssiiiit !

Déjà juchée sur la plateforme et à demi cachée par les rideaux, Kumba fait de grands signes à Émily. Kathryn lui tire la langue. Les deux adolescentes rient. À côté d'Émily, il n'y a qu'un technicien bourru qui fait des signes de sourd et muet au directeur technique.

« Top cool, comme compagnons de coulisse, tsé ! »

— Bonsoir, mesdames et messieurs ! Bienvenue à StarAcAdo ! fait soudainement la voix de madame Mignault dans un micro.

Un tonnerre d'applaudissements résonne sur le plateau.

« OH ! MON ! DIEU !... Ils sont des millions ? »

— Vous avez hâte de faire leur connaissance, j'en suis sûre, poursuit la voix de Mignault.

La foule crie.

« Oh ! Mon ! Dieu ! »

Émily se sent sur le point de sombrer dans une lame de fond de trac.

« Où sont les sorties de secours ? Je veux plus y aller... OK. Relaxe. William est dans la salle. Et Emma. Et maman. Et Alain », se répète-t-elle.

Pipo, le chef d'orchestre, passe devant elle pour se rendre sur scène. Il lui adresse un large sourire.

— Gros « merde », ma fille, dit-il en lui tapotant l'épaule.

— Heu... merci !

« NOOOOON ! Faut pas dire merci, ça porte malheur !!! Espèce de nouille au blé entier ! NOUILLE ! NOUILLE ! »

— Mesdames et messieurs, les académiciens ! lance Mignault.

Les lumières s'éteignent. Une clameur monstre s'élève de l'assistance.

« Oh ! Mon ! Dieu ! J'ai dit merci ! Je capote ! »

Des projecteurs multicolores flamboyants explosent sur la scène alors que les premiers accords de *Party Rock Anthem* résonnent. Le cyclo qui permet de créer l'illusion de nuages dans le ciel se déroule lentement.

— Oooooaaaaaah ! entend-on dans le public.

Les chanteurs commencent à descendre du plafond. Depuis les coulisses, l'effet est étrange. Émily voit les harnais tout en sachant que, de la salle, les spectateurs ont l'impression que les adolescents marchent dans le ciel. Et il y a tellement de fumée sur la scène qu'elle a peur de ne pas les voir poser le pied par terre.

« J'ai dit merci à un "merde" ! ! ! Est-ce que je vais trébucher en m'avançant pour rejoindre les autres ? Est-ce que mon micro-casque va être branché ? Est-ce que je vais faire pipi dans mon costume ? Est-ce que j'ai envie de pipi ? »

Émily est tétanisée. La chorégraphie va commencer et, dans une microseconde, elle devra se rendre à sa place.

« Oh ! Mon ! Dieu ! »

Le directeur technique la regarde avec des points d'interrogation dans les yeux. Le régisseur gesticule comme s'il y avait le feu dans le studio. Les caméras volent dans les airs tels des oiseaux, et les adolescents commencent à danser devant une foule conquise.

« Bouge ! »

Et comme si l'homme invisible l'avait poussée, Émily saute pour se joindre au groupe dans la lumière.

« Aaaaaaah… »

Au début, elle ne voit rien. Elle sourit artificiellement en exécutant les pas. Et dans son oreillette, rien ne se passe.

« Oh ! Mon ! Dieu ! Je n'entends pas ma voix ! Je ne m'entends pas ! ! ! »

La panique l'étreint jusqu'à ce qu'elle réalise que si elle ne s'entend pas, c'est parce qu'elle ne chante pas. Ses lèvres bougent, mais aucun son ne sort à cause du trac, de la surprise, de la lumière.

« Oh ! Mon ! Dieu ! Reviens dans la réalité. Reviens dans la réalité ! Reviens dans la réalité ! »

Peu à peu, au rythme des pas de la chorégraphie, son corps commence à s'échauffer. Certes, elle est dans le brouillard des projecteurs et cherche pied. Quelque part dans le blanc devant elle, il y a des gens dans la salle. Elle le sait.

« Vous êtes là ? aurait-elle envie de hurler. VOUS ÊTES LÀ ? »

Elle termine le numéro les yeux fixés sur le mur lumineux dressé devant elle. Et c'est uniquement au moment du salut que les projecteurs baissent enfin d'intensité. Et qu'Émily la voit.

La mer de spectateurs.

Hurlante.

Déchaînée.

23.

— AAAAAAAAAAAAAAAAAAAAAH !

— Géniaaaaaaaaaaaaaaaaaaaaaaaaaaal !

— COOOOOOOOOOOOOOOOOOOOL !

Les adolescents laissent exploser leur joie en coulisse pendant que, sur scène, on projette des extraits vidéo de leur atelier d'audition.

— Je capotais, je voyais rien ! s'écrie Émily en courant dans tous les sens.

— Moi aussi, j'ai eu super peur, s'exclame Kumba.

— J'ai pensé que mon harnais lâchait au début ! ajoute Nathan en détachant ses longs cheveux.

— Ils sont des milliers, *man* !

— Ben non, quand même pas.

— C'est malaaaaaade !

— *Chiiiiil !*

— Taisez-vous un peu, fait Amanda. On se calme. On dirait que vous avez jamais chanté en public.

« Heu… le lien ? »

Mais Amanda ne parvient pas à briser l'exaltation d'Émily. Dans quelques minutes, celle-ci remontera sur scène pour son solo. Et maintenant qu'elle a vu les spectateurs, elle se sent invincible et n'a qu'une envie : y retourner.

— Les gens tripaient, hein ? dit Thomas en sautant partout. Ils tripaient ?

— Mets-en, *man* ! ! répond Abiel.

Il claque sa paume contre la sienne, faisant tinter tous ses bijoux en or.

— Lee ! Mon pansement se défait, geint Maxence en tendant sa main blessée.

— Hop hop, tout le monde ! Changement de costumes, on se dépêche, ordonne le régisseur. Abiel ! Il faut retirer la perruque.

— Non, je veux la garder ! répond Abiel en riant.

— T'es fou ?

— Mon pansement…, insiste Maxence.

— Tu vas chanter du Enrique Iglesias avec une vadrouille sur la tête ? dit Jérémie en lui tirant une mèche de cheveux.

— Hé, mon costume !

— Hahahahaha !

— Allez, en loge, tout le monde, vite ! répète le régisseur. Et parlez moins fort, s'il vous plaît.

— À tantôt, les gars ! fait Émily en s'élançant dans le couloir.

Les académiciennes déboulent dans leur loge en riant aux éclats. Émily n'a jamais ressenti une excitation aussi forte qu'en ce moment.

— Gros trac, les filles, hein ? lance alors Lee en entrant dans leur loge à la volée, pendant que les habilleuses aident les adolescentes à changer de costume.

— Leeeeeee, ferme la porte, je suis NUE ! crie Kumba.

— Ben non, t'as tes sous-vêtements.

— Je suis PRESQUE NUE ! reprend Kumba.

Émily, inquiète, se tourne vers Lee.

— Ça paraissait que j'étais top stressée ?

— Oh oui ! Mais pas juste toi. Vous aviez tous l'air figés, chiquitas ! De vrais robots.

— Oh noooooon, dit Kathryn en tirant une millième fois sur sa jupe courte.

— Vous aussi ? demande Émily à l'intention des autres filles.

— On était toutes nerveuses ! répond Viva.

— Non, lâche Amanda en retirant sa jambière jaune toute seule, ignorant l'habilleuse. Moi, ça allait très bien.

— Eh bien, tant mieux pour toi ! Parce que, moi, j'avais l'impression d'être dans un film d'horreur, rétorque Viva en éclatant de rire.

— Hahaha, moi aussi ! s'exclame Émily.

« Prochainement sur vos écrans : *Le show de la terreur*, mettant en vedette Émily Faubert. »

— On a raté le numéro ? demande Kathryn en enlevant sa minijupe avec une joie évidente.

— Vous allez vous reprendre, affirme Lee. C'était l'ouverture, c'est normal. Et le public a rien vu.

— Moi non plus, je voyais rien ! réplique Viva.

— C'est vrai, on voit pas le public pendant qu'on chante ! approuve Émily en enfilant le costume de son solo : un chemisier rouge, une jupe noire, un veston en jeans vintage et de grandes bottes en suède.

— Oh, c'est sûrement le projecteur de poursuite pour l'ouverture qui a fait ça ! dit Lee. C'était pour le début seulement.

— Sûre ?

— Oui.

« Top youpi ! »

— Lee ! beugle le régisseur en cognant sur la porte de la loge des filles. Dans cinq minutes.

— On se dépêche, les filles. Les solos commencent. On a besoin de vous en haut.

« Les solos commencent ! »

Cette simple phrase met Émily dans un état de fébrilité proche de la crise d'épilepsie.

— Je suis prise dans ma fermeture éclair ! crie Kumba, en panique.

— Hé ! Tu devrais partir un club avec le Musclé ! lance Émily en riant. Lui le lacet, toi la fermeture éclair…

— Pas de blague, je suis PRISE !

— Attends ! fait une habilleuse en courant à son secours. Ne tire pas, tu vas tout déchirer !

— Mais je suis prise ! Je suis prise !

— Ne TIRE PAS.

— Dans trois minutes !

Émily fixe la feuille épinglée sur le mur de la loge, où est détaillé le déroulement du spectacle. Elle le connaît par cœur, mais le simple fait de savoir que la feuille restera là tout au long de la soirée la rassure. Le premier solo est celui de Kumba, et Émily ne fait pas partie des chœurs, puisqu'il s'agit d'un chœur de garçons.

— Voilà ! dit l'habilleuse en libérant Kumba.

— On monte ! hurle le régisseur derrière la porte.

Les filles se suivent en silence, cœur battant. Émily tient la main moite de son amie dans l'escalier.

— Ça va ? demande-t-elle.

— Je suis la reine de la soirée, répond Kumba en levant son autre main en l'air. Je suis gonflée à bloc, ma vieille.

— Tu es magnifique, la complimente Lee en lui souriant.

— Attendez de me voir chanter, répond Kumba. Je vous dis, je suis…

— Aouch ! crie Amanda en s'arrêtant pour s'appuyer contre le mur.

— Quoi ?

— J'ai une crampe au pied ! dit-elle en gémissant.

« NON ? ! »

— Amanda ? fait Lee, inquiète, en revenant sur ses pas.

— C'est le trac, déclare Romane. Ça m'arrive souvent à moi aussi ! Secoue ton pied.

— Ça fait maaaaaaal, geint Amanda.

« Le lien ? Elle chigne pour une crampe au pied ? ? ? »

— Moi, c'est parfois le mollet, lance Viva.

— Respire, chiquita, dit Lee en lui caressant l'épaule.

— En coulisse, Kumba ! ! s'égosille le régisseur, sur le point d'exploser.

— Qu'est-ce qu'on fait ? ! s'écrie Kumba, les yeux fixés sur Lee.

— Montez, les filles, je vous rejoins, répond celle-ci, aux côtés d'Amanda qui se cache le visage dans les mains.

— Toutes seules ?

— VITE, rugit le régisseur en empoignant Kumba pour la tirer vers la scène.

Tous deux disparaissent. Émily et les autres s'empressent de monter. Elles se placent devant l'écran de coulisse qui leur permet de voir la scène tout en demeurant bien cachées. On y voit madame Mignault qui s'avance vers l'auditoire.

« Dans quelques secondes, Kumba sera seule en scène ! Pauvre Kumba ! Tu parles d'une entrée ! »

— Mesdames et messieurs, elle brise la glace pour vous ce soir !

« Allez, Kumba ! » l'encourage mentalement Émily en croisant les doigts.

— Notre concurrente délicieusement soul : la divine Kumba Dinamukuenu !

À l'écran, Émily voit son amie entrer de son pas langoureux dans le cercle lumineux qui lui est destiné.

— Elle assure ! Elle assure ! s'exclame Kathryn, étreinte par la nervosité.

— Je me demande comment va Amanda, dit Romane, inquiète.

— Oh, elle va sûrement très bien, répond Émily en faisant une grimace.

— Oh ?! fait Romane qui ne comprend pas pourquoi Émily est si dure avec Amanda.

— On parie ? ajoute Émily.

— Chut, Kumba va chanter ! murmure Kathryn.

Sur l'écran, Kumba s'allonge sur le canapé au milieu de la scène. Sa voix grave résonne dans les haut-parleurs. Puis un chœur de garçons l'entoure et la soulève dans les airs. Le public applaudit à tout rompre. On entend les musiciens dirigés par Pipo entamer la version orchestrale de *La vie en rose*, popularisée par Grace Jones. La foule se met à crier.

« Quand il me prend dans ses bras… », ne peut s'empêcher de chantonner Émily avec elle, les yeux rivés sur l'écran, les mains jointes.

— Regarde-la ! souffle Kathryn à l'oreille d'Émily. Elle est extra, cette fille.

« Et c'est mon amie ! » se dit Émily en souriant.

— Ouais, ben, c'est parti, les kikis ! déclare Viva en prenant ses deux camarades par les épaules.

— On se disait justement que Kumba…, fait Kathryn.

— Chut, l'interrompt Émily qui veut écouter.

Dans un coin, Romane fait des exercices d'assouplissement en respirant bruyamment.

« Top le trac, pauvre Romane ! »

— Je pense que je fais une crise d'hyperventilation, halète alors Romane en s'assoyant la tête entre les genoux.

— Il faut trouver Lee ! ! !

— Elle est restée avec Amanda dans la loge, je pense, répond Kathryn, paniquée.

— Je vais la chercher, dit Émily.

— Non non, bougez pas, lance Romane, la tête toujours penchée. Ça va passer. J'ai l'habitude. Je vais me calmer.

— Quand je pense que c'est Amanda qui a toute l'attention ! Pour rien en plus !

— Elle s'est peut-être fait mal pour vrai, la défend Viva.

— Pas du tout, réplique Émily. Tu vas apprendre à la connaître.

— Arrêtez de parler, supplie Romane qui respire en sifflant, ça m'étourdit.

— Tu veux un verre d'eau ?

— Ça va passer, ça va passer.

Romane appuie ses mains sur ses genoux et ferme les yeux.

— OK, ça revient. *Chill*, les filles.

— T'es sûre ? demande Kathryn, les yeux écarquillés.

— Oui.

Émily se tourne alors vers l'écran, mais le numéro de Kumba est terminé. Déjà, Nathan fait résonner ses premiers accords de guitare électrique, cheveux au vent.

— Il voulait un effet de vent, il l'a ! s'esclaffe Viva.

— Ce sont les ventilateurs qui font ça ? fait Kathryn. Ses cheveux vont s'emmêler !

— Non non, c'est ce qu'il voulait, répond Émily en souriant. C'est comme Guns N' machins.

Kumba surgit entre les rideaux, suivie du chœur de garçons.

— Kumbaaaaaaa ! s'écrie Émily qui se jette dans les bras de son amie.

— Comment c'était ? Comment c'était ? répète celle-ci frénétiquement, sachant bien qu'elle vient de faire un numéro époustouflant.

— T'es top mon idole de la vie.

— Hahahahaha !

— Je te dis !

— Eh merde, je suis en train de te tacher avec mon maquillage, se désole Kumba.

— Oh, mon Dieu, t'es toute mouillée ! Beurk ! fait Émily en la repoussant doucement.

— Émily, tu te tiens prête, c'est à toi dans quelques minutes, lance le technicien en branchant le fil dans son dos et en vérifiant les connexions du micro-casque. Mais arrête de bouger !

— Ça chatouille, monsieur ! s'excuse Émily en riant.

— Arrête de bouger, je te dis.

« Essaie d'arrêter de bouger avec une chenille dans le dos, toi ! »

— Est-ce que je suis tachée de maquillage ? s'inquiète-t-elle.

— Non, tout est OK, la rassure Kumba. Tu vas voir, le feeling sur scène est géniaaaaaaaal.

— Où est Lee ? demande Émily qui sent le stress monter en elle. Je veux voir Lee.

— Elle est en bas, dit le technicien. Une de vos camarades s'est blessée.

— Elle est encore avec Amanda ? ? s'étonne Kumba. Oh, franchement ! Pour une crampe ?

— Imagine Maxence ! ajoute Kathryn. Il s'est presque charcuté la main et il a pas eu besoin d'une nounou, lui ! Et il a, genre, dix ans !

— Onze ans.

— Ouais.

— Vrai !

— Jérémie ! fait encore le régisseur. Prends ta place, s'il te plaît.

— Jérémie ? Jérémie ? T'es où ? lance Émily, paniquée.

— Juste derrière toi, Nik, répond-il calmement en posant ses mains sur ses épaules.

— Oh. Je panique, là. C'est pas bon.

— Relaxe, on va avoir du fun.

Jérémie la secoue gentiment. Émily entreprend ses exercices de respiration. Pas question de vivre le fiasco du premier numéro.

— Nikki ? dit encore Jérémie.

— Quoi ?

— Retourne-toi.

Émily se tourne vers lui. Et pour une raison totalement absurde, elle a envie de sauter dans ses bras.

« Mais qu'est-ce qui se passe ? Le trac me monte au cerveau ? »

Jérémie a braqué son regard bleu sur elle.

— Aide-moi, fait-il. Je pense que j'ai oublié mes paroles.

Émily éclate de rire.

— Ça serait pas par hasard « *mama ko mama sa* », quelque chose du genre ?

Jérémie sourit.

— Ah oui, c'est ça. Merci.

— T'es nono.

— Ah ?

— Han han.

— On est bons ensemble, Nik, tu le sais, lui dit-il doucement.

— Oui. Je sais.

— Alors, *no stress*. C'est comme dans le temps du *band*. On a toujours du fun ensemble sur une scène, non ? Ici, c'est pareil.

— Oui, répond-elle, tout sourire. T'as raison. T'as top raison.

— À toi, Émily, lance le régisseur en lui faisant signe.

Sa vidéo de présentation est terminée. C'est à elle de jouer.

— Mesdames et messieurs, elle a une voix incroyable, un charme indéniable : Émily Faubert ! annonce la voix de Mignault.

Habitée d'un sentiment indescriptible, Émily s'avance, seule dans la lumière. Elle réalise avec bonheur qu'elle peut cette fois plonger son regard dans la masse mouvante de spectateurs, devant elle. Elle inspire profondément et leur sourit.

À sa grande surprise, la foule siffle en retour.

« Oh ! Mon ! Dieu ! »

Émily n'a jamais été aussi à l'aise sur une scène que maintenant. Malgré les lourdes caméras qui volent autour d'elle, elle se sent proche de ce public, comme s'il était composé de futurs amis.

« Je vais vous avoir ! »

Elle se lance donc avec fougue dans les mouvements du numéro. Une fausse retouche de rouge à lèvres devant un miroir imaginaire, une veste enfilée. Les sifflements dans la salle s'accentuent. Émily rit. Elle voit Pipo faire aux musiciens un signe de la main qui veut dire : « Tenez-vous prêts. »

« Ça y est. »

Elle fait un clin d'œil au public et chante la première phrase dans le micro, a capella.

— *Please don't stop the muuuusic !*

La musique retentit.

Émily a envie de crier sous la puissance du choc alors que le rythme emplit l'immense plateau de télévision. Elle lance sa voix. Posée. Assurée.

« Je vous tiens », pense-t-elle en sentant son ventre s'ouvrir en deux. Et le plaisir de chanter en ce moment précis est si fort qu'il lui fait mal.

— *I gotta get my body moving…*

Émily entend les premières voix du chœur derrière elle. Kathryn, Kumba, Romane, Nathan, Thomas, Abiel. Et elle sait.

Elle sait que ce numéro est une bombe. Dans la masse anonyme de gens devant elle, des centaines de corps frémissent. Elle les entend. Or, personne ne ressent ce spasme avec la même puissance qu'elle. Impossible.

Une clameur encore plus forte monte de la salle.

« Jérémie. »

Dans le coin opposé de la scène, l'adolescent vient de faire son entrée, chapeau sur la tête, main par-dessus. Pose typique à la Michael Jackson. Et dans un geste d'éclat, il se met à bouger.

Émily ne peut s'empêcher de se tourner vers lui. Elle comprend dans l'instant que Jérémie incarne réellement la bête de scène qu'il a toujours été. Une bête de scène indomptée. Indomptable. Et leurs énergies, lorsque liées ensemble, n'ont pas de limites. Certes, Jérémie n'a pas de micro cette fois. Mais sa danse rend le moment magnifique.

— *Let's escape into the music…*

Le chœur s'intensifie. Jérémie, déchaîné, avance vers elle, tourne autour d'elle. Dans la salle, Bastien jubile. Les deux adolescents échangent des regards complices. Tous deux sont ivres de joie, ivres de musique, ivres de la scène. Le duo Saint-Preux est en feu. Et la salle aussi.

Émily croit que le tonnerre d'applaudissements qui clôt le numéro va la soulever de terre. Elle hoquette sous la surprise. Les spectateurs se sont levés d'un bond pendant que madame Mignault répète :

— Émily Faubert !

« OH ! MON ! DIEU ! »

Émily balaie la foule du regard, essoufflée par cet élan d'amour qu'elle reçoit d'un coup. Comme si son cœur n'était pas assez grand pour tout accueillir. Comme si son corps n'était plus qu'une immense et vaste église.

— Émily Faubert ! fait de nouveau la voix de Mignault.

La jeune chanteuse salue la foule. Les hurlements ne semblent pas vouloir se tarir. Elle entend quelqu'un crier au loin : « *Body surf !* » et se demande si c'est un hasard, si quelqu'un d'autre qu'Emma a pu hurler ces deux mots.

Puis elle court jusqu'à la coulisse comme une enfant et arrache son micro-casque. Lee lui sourit et Kumba saute sur place. Mais, sans qu'Émily ait le temps de reprendre son souffle, quelqu'un l'enlace par-derrière et la fait tournoyer dans les airs.

Le décor défile en un tourbillon devant ses yeux, le pendentif argent tangue dans son cou et elle reconnaît dans son oreille le rire de Jérémie.

Elle n'a qu'une envie : tournoyer encore…

Et encore…

Enivrée par la magie d'un instant qu'elle voudrait sans fin.

24.

— Vous verrez, c'est à quelques pas, dit Barbery en menant la marche.

Un caméraman, son appareil sur l'épaule, suit les académiciens, en route vers la Grande Maison. Les images du cortège sont projetées en direct dans le studio d'Inter 3 et diffusées en ondes.

— On y va à pied ? demande Viva qui a refusé de mettre son manteau alors qu'il fait moins vingt-deux degrés.

— Tu aurais dû nous écouter ! dit le directeur de l'Académie en riant.

Émily fait crisser la neige sous ses bottes Sorel. Autour du studio d'Inter 3, il n'y a que des bâtiments industriels, dont certains abritent certainement des lofts immenses.

« On ne va pas habiter là-dedans, quand même ! »

Le groupe s'immobilise devant un grand édifice de brique de trois étages, muni d'immenses fenêtres.

— Votre nouvelle maison ! annonce Barbery en souriant à la caméra.

— Mais c'est pas une maison, ça !

Émily franchit le seuil, intriguée. À l'intérieur, elle ne voit qu'un grand espace ouvert avec des escaliers menant à des mezzanines. Au centre, on dirait un immense salon avec des divans, une table basse jonchée de magazines, une bibliothèque et une longue table de travail commune en bois massif.

— Coooooooooooooool !

— Regardez le cinéma maison ! s'écrie Nathan, excité.

— On va vivre ici ? ! ! !

— Nooon !

— Venez, on fait le tour, dit Barbery, le sourire fendu jusqu'aux oreilles, en faisant un geste vers la caméra.

Les adolescents vont de surprise en surprise. Ici, une salle de danse avec un plancher de bois franc et des miroirs. Là, une salle de répétition avec de nombreuses consoles, des micros et des instruments de musique, dont un piano et une batterie.

— Je vais pouvoir brancher ma contrebasse ! s'écrie joyeusement Kumba en jetant un coup d'œil aux installations techniques.

— Trop *hot* ! ajoute Nathan alors que Maxence, déjà sur le banc de piano, entame d'une seule main une fugue de Chopin.

« Il est vraiment top doué, le p'tit frappé ! »

Jérémie lorgne les guitares en connaisseur.

— On peut jouer ?

— Vous aurez tout le temps plus tard. Il faut continuer la visite, le temps roule et vos fans vous attendent, lance Barbery, fixant toujours la caméra.

« Est-ce qu'il va nous regarder dans les yeux, nous aussi, de temps en temps ? » se demande Émily.

Les académiciens entrent dans une petite cuisine semblable à celle des studios d'Inter 3, munie d'un simple frigo, d'un four à micro-ondes et de quelques tables.

— C'est moi ou la cuisine est minable par rapport au reste ? demande Thomas, ce qui fait rire les autres.

— La cuisine du chef est énorme, répond Barbery en riant. La vôtre l'est moins.

— La cuisine du chef ? s'étonne Kathryn.

— Quoi ? Tu pensais qu'avec tous nos cours on allait aussi se préparer nous-mêmes des bœufs bourguignons ? dit Abiel en lui faisant une grimace.

— Pas besoin de faire des lunchs ? s'extasie Romane. Coooool.

— Est-ce qu'il y aura des menus végétariens ? ajoute Amanda qui a accentué son boitillement à l'excès depuis son entrée dans la Grande Maison.

— Oui, mademoiselle.

— Est-ce que je…, commence Maxence.

— Parce que je ne mange pas de viande, le coupe Amanda. C'est de la cruauté envers les animaux.

« Et la cruauté humaine, ça te dit quelque chose ? »

— Hé ! Venez voir ! fait la voix tout excitée du Musclé.

Celui-ci vient de trouver la salle de musculation. Il est tellement énervé qu'il sautille comme un enfant devant un bol de Cheerios.

— Regardez ça ! ! ! dit-il encore, le visage tout rouge sous le coup de l'émotion.

— Quelque chose me dit que les producteurs ont pensé à Thomas, ici ! raille Kumba en lorgnant les bras maigres de son camarade.

— Pffffff. Mes muscles sont intérieurs, moi, répond Thomas.

— Wow, s'extasie le Musclé en faisant glisser sa main sur le guidon d'un vélo stationnaire.

On dirait presque qu'il va verser une larme.

— Venez voir le sous-sol ! crie Viva.

Émily ouvre l'une des portes du long couloir de l'étage inférieur. Celle-ci donne sur un petit studio insonorisé équipé d'un piano, d'une console et d'un micro.

— Il y en a six comme ça, précise Barbery à l'intention de la caméra. Les académiciens devront réserver leurs plages horaires pour s'en servir. Et c'est pareil pour la salle de lavage, d'ailleurs.

— Une salle de lavage ? répète Maxence de sa petite voix prépubère.

— On t'expliquera, poussin ! fait Thomas en le poussant amicalement.

Maxence a l'air tout heureux d'avoir enfin reçu une réponse de quelqu'un.

Émily remarque alors qu'Amanda se masse le genou, appuyée au mur, juste devant la caméra.

« Tiens, c'est monté au genou, sa crampe au pied ? »

— Ne reste plus que le dernier étage, déclare Barbery.

« Ça doit être les chambres ! Avec qui je serai jumelée ? se demande Émily avec appréhension. Pas avec Crampe-au-pied, pitié ! Pitié ! ! ! »

— Il n'y a que trois chambres ? lance Viva devant les trois uniques portes fermées.

— QUOI ? s'étrangle Émily.

— Non. Les chambres des garçons sont de l'autre côté, répond Barbery en montrant un autre couloir du doigt.

Dans chacune des chambres, un petit tapis sépare deux lits simples. De chaque côté de la pièce, on trouve un bureau, une commode et des étagères pour ranger des objets personnels. Les deux espaces se font face, comme une image reflétée dans un miroir.

— Vous pourrez décorer votre côté de chambre à votre guise, bien entendu, dit Barbery, toujours à la caméra.

— Est-ce qu'on sait laquelle est la nôtre ? Et avec qui… heu…, commence Viva qui éprouve visiblement la même curiosité qu'Émily.

— Bien sûr. Vos noms sont inscrits sur les portes, dit Barbery, heureux de ce premier jeu avec les académiciens.

Les garçons courent dans le couloir jusqu'à leur section en s'agaçant et les filles se bousculent.

— Kumba, c'est notre chambre ici ! ! indique Viva dans un cri de joie.

« Avec qui je suis, moi ? »

Émily se précipite dans le couloir.

— Tu n'es pas ici…, dit Kathryn en la regardant.

« Oh ! Mon ! Dieu ! Je vais devoir partager ma chambre avec l'estropiée ! Noooooon ! ! »

Mais Romane met fin à son inquiétude.

— On est ensemble dans celle du fond ! lui dit-elle avec joie. Il paraît que tu as apporté ton lézard ?

Émily sourit de soulagement.

— Tant que t'écoutes pas Pink Floyd dans le tapis en pleine nuit et que tu fais pas des rituels vaudou à la gloire de Satan, tu pourras jouer avec mon lézard, répond-elle d'un air taquin.

— J'écouterai pas Pink Floyd si t'écoutes pas ta pitoune de la Barbade à longueur de journée.

— Eille ! Rihanna, c'est pas une pitoune.

— Mets-en que c'est une pitoune !

Les deux filles éclatent de rire.

— OK, tout le monde ! crie Barbery à la ronde. On retourne au studio au pas de course pour la dernière partie. Le public vous attend.

— Vous m'aidez ? dit Kathryn qui porte deux lourds sacs de glace.

— Qu'est-ce que c'est ? demande Émily.

— La glace de ma coloc, répond Kathryn dans un soupir. Elle dit que son genou enfle. Et qu'elle est trop faible pour la porter elle-même.

Émily a un fou rire en voyant son visage décomposé.

— Je pense que je ne suis plus juste la rousse du groupe. Je viens aussi de devenir infirmière officielle, lui murmure Kathryn à l'oreille en souriant mécaniquement devant la caméra qui suit le groupe vers la sortie.

— Et martyre, ajoute Émily en riant tout en la délestant d'un sac.

25.

— Mesdames et messieurs, c'est maintenant le moment des mises en danger, annonce madame Mignault d'un ton grave.

Sous un roulement de tambour, l'équipe de professeurs monte sur la scène pour y rejoindre les candidats, assis en demi-cercle dans des fauteuils.

Si Émily éprouvait une confiance absolue en son numéro quelques instants plus tôt, elle n'a plus une goutte d'assurance.

« Et si c'était moi qui étais mise en danger ? pense-t-elle en s'enfonçant dans son fauteuil au milieu de la scène. Oh ! Mon ! Dieu ! »

Émily sait bien que les candidats mis en danger ce soir passeront néanmoins la prochaine semaine dans la Grande Maison.

N'empêche…

« Faites que ce soit quelqu'un d'autre... », supplie-t-elle. Au même moment, elle réalise la monstruosité de ce qu'elle vient d'espérer. « Faites que ce soit... personne ?! Heu... faites que ce soit AMANDA ! Oui, ça, c'est bon. »

Mais il est quasi impossible qu'Amanda soit mise en danger. Son solo a été un succès. Après avoir dit au public qu'elle s'était blessée dans les coulisses, elle a commencé sa chanson *Time of My Life* en grimaçant de douleur. Et elle a terminé son numéro par un magnifique porté acrobatique, soutenue dans les airs par Nathan. Pendant les applaudissements, elle a ensuite massé son genou avec un air aussi déprimé que celui de Victoria Beckham devant un burger. Le public a adoré. Les juges aussi.

Évidemment, madame Mignault a alors dit :

— On appelle ça du courage, mesdames et messieurs.

« Pffffff. »

— Mais avant, chers professeurs, j'aimerais vos commentaires en rafales ! lance Barbery à ses collègues. Y a-t-il des candidats marquants jusqu'à présent ?

— Oh, ils sont tous fameux ! s'extasie Madeleine en frappant dans ses mains, ce qui incite la foule à applaudir.

— Le numéro d'ouverture a été difficile pour plusieurs, mais la suite a été impressionnante, affirme Bonin, alors qu'une horde de filles en délire se met à crier son nom.

— ON T'AIME, MARK !

— ON T'AIME !

— MAAAARK !

Le chanteur sourit et envoie un baiser vers la salle, geste qui provoque encore plus de hurlements.

« Quel top effet ça doit faire !... » pense Émily en revivant l'exaltation des applaudissements qu'elle a reçus après son numéro.

— Je pense qu'on peut parler d'une performance parfaite de Kumba, dit alors Bastien.

« Oh. Mon. Dieu ! »

— Elle a été parfaite, c'est vrai, renchérit Madeleine. Cette concurrente a une présence folle. C'est du sucre au sucre, cette fille.

Le public applaudit tandis que Kumba affiche un sourire digne de celui du chat d'*Alice au pays des merveilles*. On ne voit plus son visage, on ne voit que ses dents.

— Merci, fait elle dans le micro, de sa belle voix grave.

— Je note également Jérémie Granger pour ses performances scéniques, déclare Bastien. Sa prestance sur scène pendant *No Superstar* et son immense talent pour la danse, comme on l'a vu dans le numéro d'Émily Faubert, font de lui un candidat redoutable.

— Il a quand même un petit air bravache qui lui cause des ennuis, ajoute Bonin.

— Hé, touche pas à mon chouchou, toi ! le prévient Madeleine en riant, ce qui déclenche encore une fois les applaudissements de l'auditoire.

— Ton chouchou ? répète Bastien.

— Mesdames et messieurs, Madeleine Aubin a un chouchou ! s'exclame Barbery.

La foule rit.

— Si on parle de chouchous, je vais parler du mien, lance Bonin avec un grand geste. C'est Émily Faubert.

« Oh ! Mon ! Dieu ! »

— Oui, c'est le pendant féminin de Jérémie Granger en fait, précise Madeleine.

« Quoi ?! »

— Approchez-vous tous les deux, fait Mignault en invitant les deux adolescents à se placer à l'avant-scène. Allez ! Venez ici !

« Oh ! Mon ! Dieu ! »

Les applaudissements fusent. Émily regarde Jérémie qui lui adresse un clin d'œil en se levant de son fauteuil avec nonchalance pour venir la chercher. Tous deux avancent vers les juges, sous les cris du public.

— Vous vous connaissiez, tous les deux, non ? demande Barbery.

Émily voit la caméra automatisée voler autour d'eux comme une mouette autour d'une frite.

« Je passe à la télé en top gros plan ! »

— Heu… quoi ? balbutie-t-elle.

« C'était quoi la question, déjà ? Oh ! Mon ! Dieu ! J'ai l'air du Musclé ! »

— Nous allons à la même école et nous faisons partie du même *band*, répond Jérémie d'un air désinvolte qui le rend encore plus mignon.

Mais Émily le connaît assez pour voir qu'en fait, il bout d'excitation.

— Vous formez un formidable duo, les enfants, c'est clair, affirme Bonin.

— En fait, Jérémie voulait rien savoir de moi au début, dit Émily dans le micro.

« Heu… j'ai vraiment dit ça ??? »

— Hé, c'est vrai ! s'exclame Jérémie pendant que la foule rit.

— Ç'a pris des mois avant que je puisse intégrer son *band*, ajoute Émily, qui commence à s'amuser.

— Avoue que tu te sens idiot, hein ? lance Bastien en éclatant de rire.

— Pas mal ! admet Jérémie. Et je me trouve encore plus con parce que je n'ai pas su garder son cœur.

« OH ! MON ! DIEU ! »

Émily hausse les sourcils de surprise pendant que la foule applaudit à tout rompre.

— Quoi ? Quoi ? fait encore Jérémie en riant, s'adressant directement au public. Vous vouliez un moment de télé ? Vous l'avez !

La foule est en liesse. Les sifflements fusent de partout.

— Allez vous asseoir, les tourtereaux, coupe alors une Madeleine aux anges.

« DE QUOI ??? »

— Vous savez qu'Émily est également compositrice, ajoute Bonin. La chanson *Gyrophare*, qu'elle nous a présentée en audition, est une merveille. Des paroles très fortes et, surtout, une mélodie très travaillée. Un don évident pour la composition musicale.

« OH MON DIEU, NON ! »

— Oui, c'est vrai ! approuve Madeleine. Émily a plusieurs cordes à son arc.

« Taisez-vous ! Taisez-vous ! »

Émily regarde alors Jérémie, en panique.

« Je t'en prie, ne dis rien ! Ne me dénonce pas ! Pas maintenant ! »

Piscine Plus lui renvoie son regard bleu acier.

« S'il vous plaît, Dieu, Vishnou, Bouddha, Raël… »

— Il faudra qu'elle nous chante une composition au prochain gala, déclare alors Barbery. C'est une promesse, Émily ?

— Heu... je... heu..., se contente de répondre Émily avant de sourire, figée.

— Je prends ça pour un oui ! dit Barbery, déclenchant encore une fois une salve d'applaudissements.

— Si on parle de qualité vocale, il faut souligner celle de Romane, d'une grande puissance, reprend Bonin. Et aussi celle de Nathan Pux.

« Oui, parlez d'autre chose ! » pense Émily, qui s'apaise peu à peu à mesure que l'attention du public se tourne vers ses camarades.

— Seulement, mon cher Nathan, il faudra travailler ta présence scénique, ajoute Bastien. C'est un peu faible de ce côté.

— C'est parce que je suis trop grand ! affirme Nathan d'un ton humble dans son micro.

— Mauvaise raison ! réplique Bastien en riant. Amanda Ellis s'est blessée aujourd'hui. Et elle a été professionnelle jusqu'au bout. Chapeau, Amanda.

« Blablabla prout pet. »

— Merci, répond Amanda avec une fausse humilité, les yeux écarquillés, comme une petite fille de la maternelle sur le point de pleurer.

— Mais je dois vous arrêter, intervient Mignault. J'ai maintenant besoin de deux noms pour les mises en danger.

L'assistance se met à huer.

— Ah, mais ce sont les règles du jeu ! fait Barbery en regardant la foule. Ne vous inquiétez pas, vous voterez pendant la semaine pour votre préféré !

Émily prend la main de Kathryn à ses côtés. Kathryn dont personne n'a parlé.

— Nous avons donc choisi de mettre en danger une fille et un garçon, dit Bastien, visiblement mal à l'aise.

— Et qui sont-ils ? insiste Mignault.

— Tout d'abord, Maxence. Il a une très belle voix, pure, travaillée. Mais, maintenant, il lui faut développer son sens scénique. Il est très jeune, mais il peut faire mieux.

Même si elle éprouve des sentiments ambigus envers l'imbuvable garçon, Émily ressent violemment l'injustice qui vient de le frapper.

« Il n'a pas menti au moins, lui. »

Maxence est tout rouge. Et Émily voit avec étonnement que Romane, dans le fauteuil à ses côtés, écrase une larme.

Romane et ses tatouages multicolores. Romane et son air de *rock star* en béton.

— Il s'est blessé aussi, pauvre chou, le défend Madeleine.

— Oui, mais on chante pas avec les mains ! rétorque Barbery.

« Ah bon ? Et Amanda a chanté avec son genou, elle, pour avoir votre sympathie ? »

— Chez les filles, nous mettons en danger Viva. Viva est une chanteuse de talent, une voix très chaude, très puissante aussi. Mais c'est son caractère qui lui nuit.

« De quoi ? Non mais, virez Amanda avant, si c'est le caractère qui compte ! ! ! »

— Oui, elle nous a fait quelques petits caprices en coulisse…, ajoute Madeleine.

« Oh ! Mon ! Dieu ! »

Mais Viva tient le coup dignement et empoigne son micro avec détermination.

— Je vais vous prouver que vous avez tort ! dit-elle, provoquant des sifflements d'encouragement dans la salle.

— Parlez-moi d'une belle assurance ! s'exclame Madeleine en applaudissant à son tour.

— Et Maxence aussi va vous prouver que vous avez tort, renchérit Thomas dans son micro. N'est-ce pas ?

— Il va prouver quoi ? demande discrètement le Musclé à Émily.

L'assistance montre bruyamment son soutien pendant que les professeurs hochent la tête, heureux de ce dénouement inattendu.

— En route, les enfants ! fait alors Barbery dans le micro.

Puis on entend les premières mesures du thème musical de l'Académie.

« Quoi, déjà ? »

La musique s'amplifie. Les concurrents s'embrassent les uns les autres sous les confettis, abasourdis par ce qui arrive. Émily reste figée quelques secondes avant de se joindre à eux. Elle prend ensuite la main de Kumba et de Nathan afin de faire le salut qu'ils ont tous répété.

« Ça se termine vraiment aussi abruptement ? »

Elle cherche Emma et William du regard, mais les candidats doivent quitter la scène rapidement, poussés par le régisseur impérieux. Émily envoie un dernier au revoir à la foule avant de disparaître en coulisse. Les projecteurs s'éteignent. En un clin d'œil, la scène si animée vient de se vider. La transition est tellement brutale entre le monde du spectacle et celui de la coulisse qu'Émily en a le vertige.

— On me dit que vos bagages sont arrivés dans la Grande Maison. Et qu'une foule de fans vous attend déjà à la sortie, lance Barbery au groupe.

« Quoi ? Des fans ? »

— Je capote, fait Émily en prenant Kumba par la main.

— Ouais, je sais ce que tu veux dire. Mais attention ! la prévient son amie en pointant du menton un caméraman qui les suit. C'est commencé !

« Oh ! Mon ! Dieu ! C'est vrai ! Nous sommes filmés ! »

Les candidats suivent Barbery au pas de course dans les couloirs d'Inter 3. En passant devant Bonin, Émily surprend des bribes de phrases.

— Je suis très inconfortable avec..., entend-elle.

Mais la voix de Mark Bonin se perd dans le brouhaha, et Émily accélère pour ne pas perdre le groupe. Les autres sont déjà occupés à enfiler manteaux et bottes. Lorsque la porte principale du studio s'ouvre sur l'extérieur, Émily sursaute.

Ils sont des centaines à les attendre. Les flashs crépitent. Elle entend crier quelques noms dont celui de Jérémie. Quelqu'un lui braque un micro sous le nez.

— Heu... qu'avez-vous dit ? demande-t-elle, sous le choc.

— Laissez-les passer ! lance Barbery en fendant la foule. Les entrevues, ce sera plus tard.

— NON MAIS, C'EST PAS VRAI ?! s'écrie Kumba en éclatant de rire. C'EST PAS VRAI ?!!

« Oh ! Mon ! Dieu ! »

— Allez, avancez, sinon on ne se rendra jamais à la Grande Maison, dit Barbery en faisant des signes de la main. Ç'a beau être en face, ils ne vous laisseront pas passer si vous les laissez faire.

Kathryn éclate de rire à son tour.

— Mais c'est dément ! On est déjà célèbres ! Qui sont ces gens ?

« Des inconnus ! Des inconnus veulent nous voir ! »

Au moment de franchir l'espace, encadré par des cordons de sécurité, les menant à la porte de leur immeuble, Émily entrevoit l'espace d'un instant les traits d'Annick parmi les nombreux visages inconnus.

— Maman ! crie-t-elle.

Mais la foule a déjà bougé, l'image est perdue.

— Attendez, j'ai vu ma mère !

— Avancez ! Avancez ! fait le régisseur alors que l'on pousse Émily par-derrière.

— MAMAN !! répète-t-elle plus fort.

Mais Émily suit le courant, le cou tordu vers la foule, le mot « célèbres » coincé dans sa gorge comme un bonbon trop vite avalé.

Avoir su que jouer avec ton cœur
C'était dangereux comme
un papillon de nuit niaiseux
Avoir su

— Lisa LeBlanc, *Avoir su*

26.

— Tu dors ?

Émily se retourne dans son lit.

— Non, répond-elle. Toi non plus ?

— Qu'est-ce que t'en penses ? murmure Romane.

— Que tu parles en dormant ?

— Hahaha.

Leur chambre est plongée dans le noir. Seul le bruit des griffes d'Ann2 se fait entendre sur les parois de l'aquarium, posé sur le bureau.

— C'est mon iguane qui t'empêche de dormir ?

— Qu'est-ce qu'elle fait, cette idiote ?

— Elle gratte la paroi de l'aquarium. Je sais pas pourquoi elle est si active la nuit. C'est top insultant… puisque, pendant la journée, elle bouge pas d'une écaille.

— Ouais.

— Je peux demander de la mettre au salon commun pour la nuit si…

— C'est pas l'iguane, le problème, répond Romane en soupirant. C'est l'émotion, le gala, tout ça. J'arrive pas à dormir, je suis tellement stressée à vie !

— Ah ! Ouais, j'avoue. J'ai top de la difficulté à dormir, moi aussi.

Les deux adolescentes demeurent quelques instants couchées sur le dos sans rien dire, les yeux ouverts. Le retour à la Grande Maison, l'évaluation du spectacle avec les professeurs, la collation engouffrée à la hâte avant la nuit, tout ça s'est déroulé dans un étrange brouillard.

Au fond, les académiciens étaient tous dépassés par les événements. Même Amanda semblait un peu perdue, malgré son acharnement à lire une revue dans un fauteuil du salon, en se donnant un air désinvolte comme si rien ne s'était passé de la soirée.

« Hello ! C'était le gala d'ouverture ! ! »

Mais Émily a bien vu qu'Amanda ne tournait pas les pages de sa revue.

« Il y a des limites à relire une page de *Fun Fun* remplie de photos ! Même si ce sont des photos de Liam Hemsworth. »

— J'ai peur, je pense, avoue candidement Romane, brisant le silence de la nuit.

Émily se redresse dans son lit.

— Toi, t'as peur ?

— Pourquoi MOI ?

— Ben, je sais pas, t'as pas l'air de quelqu'un qui a… heu… peur.

« T'es le genre à FAIRE peur, plutôt », se dit Émily en distinguant dans la pénombre la tête de mort qui orne le chandail de sa camarade de chambre.

— Ah bon ! répond Romane, intriguée.

— Ben, les tatouages, tout ça. Tsé.

— T'es drôle, Émily Faubert, dit Romane en riant.

— Pourquoi ?

— On dirait des fois que tu viens de la lune. D'une autre planète.

— Ah bon ?

— D'une autre planète que la mienne, en tout cas.

« Ah ça, oui ! »

— Mais t'es *full chill*.

« Un dictionnaire, quelqu'un ? ! »

— Au début, je t'aimais pas. Tsé ? Pendant les auditions, je veux dire.

« Ben là, trop de franchise, c'est comme pas assez ! »

— T'étais tellement parfaite. *Cute*, populaire…, poursuit Romane.

— Wow ! Je sais pas où tu as pris ça… Moi, je me suis sentie tellement rejet de la vie ! rétorque Émily.

— Ah ouais ?

— L'alarme a sonné pendant mon premier tour, ensuite Amanda m'est tombée dessus, j'ai raté le truc du jeu des émotions, je me suis habillée en survêtement alors que tout le monde était en moulant… Tu veux que je continue ?

— C'est pas tout le monde qui était en moulant. Je n'étais certainement PAS en moulant.

— Tout le monde était coooooool. Sauf moi.

— C'est drôle, moi, je pensais exactement le contraire.

— Hahahahaha, ouais, c'est drôle, finalement.

— Et ta voix ! D'où tu sors une voix pareille, Cherry Bomb ? demande Romane en se relevant à son tour dans son lit.

— Tcherry qui ?

— Cherry Bomb ! Tu connais pas les Runaways ? Ce que je veux dire, c'est que je comprends pas comment une petite parfaite comme toi, blonde et proprette comme une petite bourge, peut avoir une voix aussi… aussi…

— Je suis pas une petite parfaite ! s'insurge Émily.

— Chut ! Pas trop fort !

Pendant quelques secondes, Émily éprouve une envie folle de se confier à Romane, de tout lui raconter, le mensonge, l'imposture.

« La petite parfaite est une menteuse. »

— Moi aussi, je capotais sur ta voix aux auditions, dit-elle plutôt. Je me disais…

— Ouais, « ça va être elle qui sera choisie », hein ?

— Oui, je me disais ça.

Les deux adolescentes se sourient dans la faible lumière de la veilleuse.

— Mais regarde-toi ! poursuit Romane. Moi, je pleure ma vie depuis tantôt et, toi, t'as même pas l'air d'avoir peur.

— Ouin.

« Menteuse ! pense Émily. Émily Faubert : la candidate menteuse. Je suis top terrifiée, oui. TERRIFIÉE À MORT ! »

— Je connaissais pas bien Bonnie Chosebine, mais la chanson que t'as chantée, je l'avais entendue dans *Glee*, lance-t-elle alors pour changer de sujet. Tsé, c'est quand Rachel…

— Ah, parle-moi pas de ça ! fait Romane dans un mouvement d'humeur. *Glee* a complètement dénaturé la chanson. Ils dansent le ballet classique dans cet épisode-là. Du ballet ! ! ! Sur du Bonnie Tyler ! C'est n'importe quoi, cette série ! !

— Tu trouves ? fait Émily, presque insultée. Moi, j'aime ça.

— Toutes les filles aiment ça sauf moi, je pense, répond Romane.

— Je pense que Kumba partage ton point de vue.

— Ah oui ?

— Oui.

— Faudrait qu'on en parle ensemble, alors.

Les deux filles demeurent silencieuses quelques instants. Émily se couche sur le ventre, le visage appuyé sur ses bras croisés.

— Quand je me suis inscrite au concours, reprend Romane plus doucement, je m'attendais pas à… à…

— À porter une camisole spaghetti ?

— Ouais, s'esclaffe-t-elle. Entre autres, oui.

— T'étais tellement emberlificotée !

— Aaaaaah, ça fait du bien de rire un peu, dit Romane en faisant tourner ses épaules pour se détendre. La foule, le gros show… Je suis toute mélangée, je pense, ajoute-t-elle en frottant son nez, où brille un petit bijou argent.

« Tiens ? Elle ne l'enlève pas avant de se coucher ? Elle pourrait le respirer sans le vouloir pendant son sommeil ! Brrrr ! »

— J'ai souvent chanté devant de gros publics, poursuit Romane. Toi aussi, je pense, hein ?

— Quelques fois, répond Émily en repensant à la manifestation des oiseaux.

— Mais une foule comme ça, j'avais jamais vu ça ! Et les gens dehors qui nous attendaient ? ! Wow.

— C'était débilos, hein !

— Malade, oui !

— Moi, ce sont les critiques en public qui me font capoter, admet Émily.

— Ça m'a fait mal pour le p'tit ! lâche Romane. J'ai chanté dans des tavernes, avec des mononques soûls dans la salle qui criaient des vulgarités pendant mon numéro. Je te jure que le jugement des autres, après, tu t'en fous pas mal. Mais, ce soir, c'était pire. Pauvre Maxence, quand même.

— Moi, le pire endroit où j'ai chanté, c'est dans une clinique médicale. Ma prof de chant m'avait obligée.

— Hahahahaha ! Une clinique médicale ! Pourquoi ?

— Pour m'apprendre l'importance de chanter pour quelqu'un. L'importance d'établir un contact.

— Wow. T'as une prof spéciale, toi.

— Oui. Très.

Émily ressent un vif pincement au cœur en pensant à madame Gentilly.

— J'apprends beaucoup plus avec elle qu'avec nos profs ici ! dit-elle avec une grimace. Madame Aubin, elle m'éneeeerve…

— Penses-tu qu'il y a des caméras dans nos chambres ? la coupe soudain Romane en regardant autour d'elle.

— Oh ! Mon ! Dieu ! J'avais pas pensé à ça ! ! ! répond Émily, horrifiée.

« OH ! MON ! DIEU ! Qu'est-ce que j'ai dit depuis tout à l'heure ? Qu'est-ce que j'ai dit ? songe Émily en se repassant la conversation dans sa tête à toute vitesse. Et qu'est-ce que je viens de dire sur Aubin ? ! ! ! »

— Mais madame Aubin est suuuuuper fine, ajoute-t-elle en remarquant un drôle de trou dans le mur.

— Pouhahahahaha !

Romane s'étrangle de rire.

— « Suuuuuuuper fine » ! Ç'a l'air *full* honnête, Émily.

— Mais je le pense, ajoute Émily avec sérieux, le regard fixé sur le trou.

— Ben oui ben oui, tu le penses, se moque Romane.

Émily lui fait de gros yeux dans la pénombre.

« Aide-moi au lieu de me caler ! »

— Je pense pas qu'il y ait des caméras qui tournent présentement, Émily. Ça voudrait dire qu'ils nous filment en sous-vêtements ! Et ça m'étonnerait.

— Ouais, peut-être qu'ils filment dans les chambres juste le jour. Quand on est habillées, je veux dire.

— Peut-être, oui.

— N'empêche que je trouve Madeleine Aubin pas si pire que ça, répète Émily face au trou.

— Pfffff ! Hihihi ! fait Romane, la main sur la bouche.

« Arrête de rire, bouette de caca ! »

— On écoute de la musique ? propose Romane.

— Mais on va réveiller les autres !

— Nan. On écoute avec les écouteurs, Cherry Bomb.

— Attends, j'allume la lumière, dit Émily en sautant hors du lit.

Elle sort son iPad de ses bagages et l'apporte avec elle dans le lit de sa voisine. Les deux adolescentes installent leurs oreillers contre le mur pour s'adosser confortablement.

— Cool, un iPad ! s'exclame Romane en prenant l'appareil.

— Oui, c'est vraiment cool. Et puis, on va au moins regarder des vidéoclips !

— Va sur le site de l'Académie à la place ! Il doit y avoir des choses en ligne. Abiel en parlait tantôt.

— QUOI ?

— Ben oui ! C'est sûr qu'il y a eu des mises à jour depuis le gala.

— J'AVAIS PAS PENSÉ À ÇA ! ! ! s'écrie Émily.

— Chut, moins fort ! Je peux pas te mettre sur écouteurs ! C'est toi qui vas réveiller tout le monde.

Émily tape fébrilement l'adresse URL du site et attend impatiemment que la page s'affiche.

— Regarde ! Je te l'avais dit !

Effectivement, on trouve déjà, sur le site de StarAcAdo, plusieurs photos et des extraits du gala d'ouverture, ainsi que des images vidéo de leur visite de la Grande Maison et… des centaines de commentaires d'internautes.

« Oh ! Mon ! Dieu ! »

— Aaaaaaah, je veux pas voir ça, finalement, fait Romane en se cachant le visage des mains.

Mais Émily ne peut s'empêcher de parcourir les pages, de cliquer sur les photos et de tout lire. Des inconnus vantent déjà ses qualités, ce qui provoque automatiquement chez elle un frisson d'excitation.

« Heu… top WAHOUUU ? »

— Regarde, elle est belle, cette photo de toi !

— Une punk ? ! ! ! dit alors Romane qui vient de lire par-dessus son épaule. C'est qui, le moron qui a écrit ça ?

— Le quoi ?

— Ici, regarde : « Moi j'aime beaucoup LA PUNK qui a chanté *Total Eclipse of the Heart.* » Non mais, eille ! C'est vraiment fatigant, cette étiquette de punk. Les gens sont *full* incultes.

— Oui, hein ! Heu… mets-en ! répond Émily pour qui Romane, jusqu'ici, était sans l'ombre d'un doute une punk.

— Je suis pas punk pantoute ! ! !

« Chuipapunkpantoute », répète Émily trois fois de suite mentalement, sans se tromper.

— Oh, regarde ce qu'ils disent d'Amanda ici, fait encore Romane en pointant du doigt une partie de l'écran où il y a une immense photo de la frêle candidate : « Amanda a une ingénuité qui l'honore. »

« "Ingénuité", est-ce que ça veut dire "agressivité" ? "bestialité" ? "méchanceté" ? "plaie infectée" ? »

— Qu'est-ce que ça veut dire, « ingénuité » ? demande Romane.

— Attends, je regarde, fait Émily en se connectant au dictionnaire en ligne. « Ingénuité : Naïveté, candeur, franchise. »

« ATTABOY ! »

— Oh. OK.

— Ouin.

— C'est vrai qu'elle a l'air fragile, elle.

— Ouais ouais, dit Émily en regardant le trou dans le mur.

— Une petite poupée.

— Hum hum.

— Et pourquoi ça clignote ici ? demande Romane en montrant le bas de l'écran.

« Oh ! Mon ! Dieu ! »

— Parce que j'ai des courriels non lus ! répond Émily.

« J'ai oublié de prendre mes courriels ? ! »

— Je capote raide, Romane ! ! s'esclaffe Émily. Il faut vraiment que je sois dans le miel baratté pour avoir OUBLIÉ mes COURRIELS !

— Hé ! C'est vrai, ça ! s'écrie Romane. Mon Facebook ! Je vais pouvoir aller sur Facebook avec ça ?

Avec l'interdiction de se servir des cellulaires pour passer ou recevoir des coups de fil et surfer sur Internet, Émily s'est étrangement sentie coupée du monde depuis ce matin. L'interdiction est aussi en vigueur entre les murs de la Grande Maison. Mais elle a son iPad !

— Tu me le passes, après ? demande Romane tandis qu'Émily ouvre frénétiquement son compte de messagerie.

Dans sa boîte de réception, il y a des messages d'Alain (« Je suis fier de toi, *rock on* ! »), d'Annick (« T'es la meilleure, ma loulou ! Je t'aime ! »), d'Emma (« Musti meilleure soirée à vie ! ! ! »), d'Ann Gentilly (« Malgré ma vieille télé, je t'ai entendue relâcher mollement un *si* bémol, *dear*. »), d'un illustre inconnu nommé Fred (« Je t'ai vue ce soir à la télé et on est à la même école, veux-tu sortir avec moi ? »), de Marie-Pier (« T'étais super, ma *best* ! »)…

« Heu… le lien de la *best* ? »

Émily ouvre enfin le courriel de William. Elle a des fourmillements au bout des doigts. Les deux seuls mots qu'il lui a écrits la giflent immédiatement.

À demain.

C'est peut-être la tension.

Peut-être la fatigue.

Ou peut-être le cuisant sentiment de solitude.

Mais Émily se fige devant l'écran. Et c'est uniquement en sentant la main de Romane sur son bras qu'elle réalise qu'elle est immobile, les joues en feu, depuis de longues minutes.

— Ça va ? demande Romane très doucement.

— Je ne sais pas, dit Émily.

27.

— Une chance qu'on se rend en auto ensemble parce que j'ai l'impression de pas t'avoir vue depuis le gala, Nikki ! Pis la Grande Maison est pas si grande que ça, même si ça s'appelle la Grande Maison. Qu'est-ce que tu fais au juste ? Tu me fuis ?

« Oh. Mon. Dieu. »

Les deux adolescents sont assis côte à côte dans la voiture les menant à Saint-Preux, et Émily ressent un tel malaise qu'elle a envie d'ouvrir la fenêtre, même si on est en plein hiver.

— Jérémie…, commence Émily, on n'a pas vraiment reparlé de… heu… de ce que t'as dit au gala hier et…

« Top top top malaise ! »

— Pourquoi t'as fait ça ? demande-t-elle plus simplement.

— Ça t'a dérangée ? rétorque-t-il avec un sourire moqueur.

— Oui ! Ça m'a dérangée ! explose-t-elle. Je sors avec William, je te signale !

— Nik, je sais que tu sors avec William. OK ? fait Jérémie en dardant sur elle son regard bleu.

— Ben, pourquoi tu as fait ça, alors ? Devant tout le monde, en plus !

Jérémie crâne un instant, rigole tout seul. Puis il cogne quelques petits coups sur la vitre avant de laisser un silence s'installer dans l'habitacle.

— J'ai dit des niaiseries juste pour le show, finit-il par avouer. Ç'a marché, le monde a tripé, alors fais-en pas tout un plat. D'ac ?

— OK.

Émily se tourne vers la fenêtre et regarde les façades défiler.

« Une bonne chose de réglée ! »

Soudain, pour une raison qui lui échappe, Émily ressent une petite brûlure.

« Des niaiseries ?… Ce sont des niaiseries. Me prendre dans tes bras ensuite, c'était aussi une niaiserie ? Tout est une niaiserie pour toi ?… Eh ben ! se dit-elle, légèrement déçue. Pourquoi je suis déçue ??? Je suis TRÈS soulagée, au contraire. Jérémie dit des niaiseries. Voilà. C'est pas une grosse surprise !… Non ? »

Ils demeurent silencieux tout au long du trajet vers le pensionnat. Mais, à leur arrivée, la voiture n'a pas le temps de s'immobiliser dans l'entrée de l'école que quelques personnes accourent, dont deux types brandissant de grosses caméras.

— Ce sont eux! s'écrie l'un des hommes.

— Jérémie! Émily! Comment se passe votre retour à l'école? demande précipitamment une dame en braquant son micro devant Jérémie à peine descendu de voiture.

Émily reconnaît le micro jaune de l'émission populaire *Musique Mode.*

— Ben, puisque ça fait à peine une seconde que nous sommes arrivés, je peux vous dire que cette seconde s'est très bien passée.

« Idiot! » ne peut s'empêcher de se dire Émily en souriant.

— Avez-vous bien dormi? Vous sentez-vous prêts...

— Laissez-les entrer, s'il vous plaît, intervient le chauffeur en repoussant les journalistes et un photographe dont la veste arbore le logo de... de...

« *FUN FUN*!!! Je vais passer dans *FUN FUN*! »

— Une petite photo, les Saint-Preux!

Émily prend Jérémie par le bras et pose avec lui pour la célèbre revue.

« Je capote ! »

— Venez par ici, ordonne le chauffeur en s'assurant que les ados franchissent l'entrée des élèves du pensionnat.

Émily entend alors une petite voix qu'elle connaît bien :

— AAAAAAAH, enfin ! J'en pouvais plus ! ! !

Son amie lilliputienne surgit d'un groupe d'élèves et se jette littéralement sur elle. Son petit nez frappe alors le milieu de la poitrine d'Émily, à l'endroit où se trouve la boucle de la fermeture éclair de son manteau Diesel.

— Ayoye ! s'exclame Emma en frottant son nez meurtri. En deux jours, on dirait que j'ai eu le temps d'oublier mes repères !

— Hahahahaha !

— Ça fait vingt minutes que je t'attends devant ta case ! T'arrives donc ben musti tard !

— Je sais, c'est la navette ! dit Émily en retirant ses bottes sans remarquer qu'une vingtaine d'élèves l'épient. Pis je suis levée depuis cinq heures et demie, en plus ! Le lien ? ! Je pensais arriver à l'école avant même qu'elle soit ouverte ! Et je suis en retard !

— Cinq heures et demie du matin ? répète Emma.

— Oui ! C'est top tôt ! On a un échauffement matinal.

— Ben là ! C'est exagéré !

— Il est pas obligatoire et je peux te dire que c'est la dernière fois que je le fais ! Heu… Emma ? poursuit Émily en réalisant qu'un petit groupe d'élèves s'est formé autour d'elles.

— Je sais ! répond son amie, découragée. Il y en a même qui sont venus me demander à quelle heure tu arrivais ! Et… ben… on m'a demandé un autographe. En tant qu'amie ! ajoute-t-elle tout bas.

— Débilos !

— Ouais, reprend Emma, toujours en chuchotant. Je pensais que je triperais d'être l'amie d'une star, mais c'est franchement musti malsain, finalement.

— Je sais ! Il y avait plein de gens sur la rue pour nous voir monter dans nos navettes ce matin ! ! ! Je capote, Emma ! Je…

— Est-ce que je peux te demander un autographe, Émily ? lui demande une adolescente qu'elle n'avait jamais vue et qui la regarde depuis de longues minutes.

— Oui, moi aussi ! demande une autre, encouragée par la première.

— Moi aussi !

— On t'a vue à la télé hier ! T'étais super cooooool.

— Tu signes dans mon agenda ?

— Heu… oui ! répond Émily en regardant Emma d'un air abasourdi, avant de fouiller dans son sac pour trouver un crayon.

— Il y a plein de monde devant ta case depuis ce matin, continue Emma. Et c'est pareil pour Jérémie. Ça doit être la folie dans le vestiaire des cinquième secondaire présentement.

— Oh, parle-moi pas de lui ! dit Émily en rendant les deux agendas à leurs propriétaires. Je peux te dire que…

— Excuse-moi, est-ce que je peux avoir un autographe ? les interrompt une autre élève de première secondaire.

— Émily ? fait un garçon tout blême avec des lunettes. As-tu eu mon courriel ?

« Oh ! Mon ! Dieu ! »

— T'es Fred, c'est ça ?

— Oui, répond-il avec un large sourire.

— Oui, j'ai eu ton courriel. Mais…

— Émily ! Émily ! s'écrient plusieurs élèves de sa classe qui ne lui ont jamais adressé la parole. Bravo pour hier, t'étais trop *hot* !

— Elle est pas juste *hot*, c'est une gagnante assurée, affirme Maud.

Elle vient d'entrer dans les vestiaires avec son port de reine et agrippe le bras d'Émily pour l'entraîner avec elle.

— Mais… mais…

« Laisse-moi au moins fermer mon casier ! ! »

— Bienvenue, Émily, fait la surveillante des vestiaires. Et félicitations ! On est très fiers de toi.

— Heu… merci… Je…

— Pis, Émily ? Raconte ! dit l'une des élèves de sa classe, qui s'appelle Rose.

— Elle doit pas avoir envie, déclare Maud en experte des relations publiques. Tassez-vous, laissez-la passer. On s'en va en cours. Tassez-vous, s'il vous plaît. Lâchez-la.

« Heu… pis toi, lâche-moi donc ! »

« Driiiiiiiiiiiiing ! »

« Purin puant ! C'est déjà la cloche ! ! ! »

— On se retrouve en cours, Émily ! lance une autre élève de son niveau, Joanie, une autre à qui elle n'a JAMAIS parlé.

Émily se tourne alors vers le fond du vestiaire où Emma est restée plantée devant son casier ouvert, les bras ballants, la bouche ouverte.

« Mais c'est débilossissime ! »

— Maud, mon casier est resté ouvert. Me laisses-tu aller le fermer, s'il te plaît ?

— Ah oui, vas-y, répond Maud en riant, tout en rejetant ses cheveux vers l'arrière.

— Je m'en vais en maths ! dit alors Émily à l'oreille d'Emma. On se rejoint au local d'impro à la pause. D'ac ?

— OK, souffle Emma, ébranlée. Je vais le dire à Will.

« Oh ! Mon ! Dieu ! C'est vrai ! Où est Will ? »

Émily prend ses livres, ferme son casier et monte vers sa classe, escortée par une dizaine d'élèves que mène Maud d'une main de fer. Au premier étage, ils croisent un nouvel attroupement d'adolescentes pépiant, au milieu duquel se pavane Jérémie. En voyant Émily, il lui adresse un sourire complice avant de prendre une feuille que lui tend une admiratrice pour une signature.

— C'est Émily ! fait l'une des adolescentes du groupe en la montrant du doigt.

— Oui, c'est elle !

— C'est elle ! ! !

— Elle va en signer encore quelques-uns, puis elle signera uniquement de nouveau à la pause, leur lance Maud d'un ton autoritaire. Inquiète-toi pas, je vais tout arranger, poursuit-elle à l'intention d'Émily. Je m'occupe de tout.

« Vivement que le cours commence ! » se dit Émily en sentant sa tête sur le point d'exploser.

28.

— J'ai prétexté une envie de pipi pour sortir avant la fin du cours, souligne Émily, enfin assise au fond du local d'impro. Sinon, je pense que je me serais même pas rendue jusqu'ici en un morceau ! ! !

— Mais c'est musti mental ! dit Emma avec humeur en fermant la porte derrière elle. Faut pas exagérer, quand même ! On dirait que t'as des pouvoirs paranormaux ! Ou que tu as mis fin à la guerre dans le monde ! T'es tout de même juste une chanteuse !

— Ben là !

— Tu comprends ce que je veux dire, Ém.

— Appelle-moi pas ÉM !

— Non mais, c'est vrai, quand même ! Un peu plus pis ta salive va être bénite !

— Ouais. C'est top débilos, c'est vrai. T'as averti Will ?

— Oui. Il t'attendait lui aussi depuis musti tôt ce matin. Il se doutait que ce serait la folie dans les couloirs, alors il était dehors sur le terrain du pensionnat. Il a pas dû pouvoir te parler quand vous êtes arrivés. Il paraît qu'on vous a pris en photo ?

— Oui. Je vais passer dans *Fun Fun* ! fait Émily avec un regain de joie.

— Ben, c'est sûr que tu vas passer dans *Fun Fun*. Ils l'ont dit hier pendant le gala. Il va y avoir un numéro spécial sur l'Académie la semaine prochaine.

— AH OUI ?

— Tu savais pas ? ?

— NOON ! ! ! ! COOOOOOOOL !

— Tu savais pas ! répète Emma, étonnée.

— T'es sûre que c'est pas une blague, Emma ? demande Émily, soudainement suspicieuse.

— Musti sûre. Pourquoi je te ferais croire quelque chose comme ça ? Ce serait juste cruel. Je sais que tu aimes la revue *Fun Fun* !

— Oh. Mon. Dieu ! Je vais vraiment passer dans *Fun Fun*, alors ? ? ?

« CE MOIS-CI DANS LA REVUE *FUN FUN*…

« MOI ! ! ! »

Émily entend cogner à la porte.

— C’est William ! s’écrie-t-elle en se levant d’un bond.

— Attends, dit Emma en la retenant contre le mur. Je vais aller ouvrir, au cas.

Émily se renfrogne.

« Non mais, c’est vrai ! Bientôt je pourrai plus aller aux toilettes ! »

— Salut ! lance William en entrant.

— Oh, Will ! fait Émily en courant vers lui. Je vais passer dans *Fun Fun* ! ! !

Mais, une fois blottie dans ses bras, elle arrête de parler.

« Je me suis ennuyée je me suis ennuyée je me suis enn… »

— Attends, je vais essayer de deviner, déclare William, rieur. Tu capotes. C’est ça ?

— T’es donc drôle, Will, réplique-t-elle en lui souriant.

— Mais c’est ça, la vie de star ! T’es pas contente ? poursuit-il, fossette en coin.

« Tu sens bon !… »

— J’ai compris la leçon, c’est beau, lui répond pourtant Émily. Tu veux quoi ? Que je te dise que t’avais raison ?

— Oui, ce serait très agréable à entendre.

— Will, persécute-la pas trop, dit Emma. C’est l’enfer depuis ce matin.

— Oui, j’ai vu ta brillante arrivée avec Superman.

— Hahahahaha. Superman, ouais.

Pour son numéro, Jérémie est entré sur scène alors qu'Amanda entonnait des extraits de la chanson *Superman* de la chanteuse Celi Bee. Jérémie chantait quant à lui la chanson *No Superstar*.

— Jérémie voulait un vrai costume de Superman pour ce numéro, explique Émily en riant et en se détachant de William pour mieux gesticuler. Mais Lee n'a pas voulu. Alors, il a tenté de la convaincre en se promenant partout avec un drap attaché dans le dos et en lui demandant aux deux minutes : « T'as besoin d'un coup de main, ma chérie ? » Hahahahahaha ! On était crampés. Et puis ensuite il…

— Lee, c'est qui ? demande William, l'interrompant volontairement.

— C'est la directrice artistique. Et Jérémie a…

— On a même pas pu se parler ce matin ! la coupe Emma. T'es pas pour rester cloîtrée ici à chaque pause ! Ç'a pas de bon sens, Ém.

— EMMA ! Arrête de m'appeler Ém !

— As-tu pris mon courriel hier soir ? l'interroge Emma.

— OUI ! Mais imagine-toi que mon iPad a été confisqué ! En fait, on a pas le droit d'aller sur Internet en dehors des heures qui nous sont allouées sur les ordinateurs de la Grande

Maison. Pis je pense que ça va juste servir à commenter nos blogues.

— Vos blogues ?

— Sur le site de l'Académie, il paraît qu'on va tenir des blogues personnels.

— Oh.

— Je suis pas allée voir encore, mais je sais que Jérémie a déjà écrit des trucs et…

— Pas de cellulaire ni d'Internet ? Tu vas survivre ? lance William d'un air taquin.

— Pas sûre, lui répond-elle en souriant.

— En tout cas, tous les journaux de ce matin parlent de toi ! dit Emma en sautillant.

— QUOI ??

— Oui !! Il y a des photos du gala et surtout des photos de toi.

— De toi et de Superman, tempère William.

— Ah oui ??? fait Émily, réjouie.

— Oui, vous êtes partout.

— Oh ! Mon ! Dieu ! C'est fou !

— Ouais. Ça fait drôle de te voir dans un journal.

— Pis ? demande Émily, excitée. Comment vous avez trouvé le gala ?

— C'était bon ! s'exclame Emma en regardant William. Hein, William ? C'était… comment dire ?… poursuit-elle en ayant l'air de jongler avec quatre quilles tout en jouant de la flûte par le nez.

« Qu'est-ce qu'il y a ? »

— J'ai beaucoup aimé, déclare simplement William.

— Oui, moi aussi ! ne peut s'empêcher d'ajouter Emma.

— Mais quoi ? dit Émily qui sent que ses amis lui cachent le fond de leur pensée.

— Mais…, continue Emma. Disons que… heu…

— Ben là ! Dites ce que vous avez à dire ! lance Émily avec humeur.

— Ben non, il y a rien de plus à dire, fait William en la prenant de nouveau dans ses bras et en jetant un regard entendu à Emma. C'était extraordinaire, vraiment ! Un très bon show.

— T'as entendu les applaudissements quand ils t'ont présentée au début ? On criait musti fort. Tu nous as entendus ? ?

Émily est perplexe. Pourquoi sent-elle que ses amis ne sont pas aussi enthousiastes qu'elle au sujet du gala ?

— Et puis Kumba ! reprend Emma. Elle est musti incroyable !

— Je lui ai envoyé un courriel aussi, dit William, mais elle n'a pas dû pouvoir l'ouvrir, pour les mêmes raisons que toi. Tout s'explique.

« QUOI ? A-t-elle eu droit à plus de deux mots, elle ? » pense Émily avec aigreur.

— On a essayé de vous parler à votre sortie, mais il y avait tellement de monde ! raconte Emma. Et ils nous empêchaient de vous suivre ! Et ta mère a tenté de te parler après. Elle a vraiment essayé !

— Je SAIS ! Je l'ai VUE ! ! ! s'écrie Émily.

— Et comment ça se passe avec les autres ? demande William.

« On y est. »

Pendant une fraction de seconde, Émily est tentée de faire peur à William en restant floue sur ce qui se passe avec Jérémie.

« Un courriel à Kumba, pfff. Un gala ordinaire ! Pffff. »

Mais elle sait pertinemment que faire une chose pareille pourrait repousser William. Et puis…

« Se passe-t-il réellement quelque chose avec Jérémie ? Noui ?… »

— Si c'est Jérémie qui t'inquiète, dit Émily d'une voix rauque, je lui ai dit CE MATIN qu'il avait pas rapport de parler devant tout le monde de… heu…

— C'est clair que c'était pour le spectacle, intervient Emma en volant au secours de son amie.

— Exactement. Et…

— Je sais, Émily, fait William doucement. Je comprends tout ça. C'est OK avec moi.

« Ah bon ? ? ? »

— En fait, je parlais des autres « autres », rectifie-t-il en souriant.

— Oh. Hahahaha ! Heu… ben… ça se passe bien ! Amanda est…

« Driiiiiiiiing ! »

« Oh non ! Pas déjà ! »

— Oh, ça va trop vite ! déplore Emma. Qu'est-ce qu'on fait pour ce midi ? T'es pas pour faire la grève de la faim ici !

— T'auras pas d'autre choix que de venir à la cafétéria, ajoute William.

— C'est vrai, Ém.

— EMMA ! Arrête avec tes « M » !

— Je suis sûr que ça va se calmer, dit William en prenant la main d'Émily. C'est parce que c'est le premier jour. Quand tu vas avoir signé les agendas de tout le monde, ils vont te lâcher. Tu vas voir.

— Ouais.

Mais Émily n'est plus sûre de rien.

De rien du tout.

29.

— Peux-tu te tourner un peu plus vers la droite ?

Émily en a marre. Elle a eu une première journée « épouvantabilis » à l'école, avec les hordes d'élèves épiant jusqu'au contenu de son assiette au dîner, avec Maud qui ne la lâche pas d'un pouce et qui se prend pour son imprésario, avec Jérémie qui lui fait la tête dans la voiture.

Déjà qu'elle n'a pas une minute à elle — les pauses sont de longs feux roulants de questions indiscrètes de la part de camarades dont elle ne connaît pas le nom —, l'arrivée à la Grande Maison n'a pas été de tout repos : c'était le moment de la venue de la revue *Fun Fun* pour le numéro spécial.

— Encore un peu vers la gauche, cette fois.

Émily soupire. Ça doit bien faire une heure qu'elle est debout dans la même position (à quelques mouvements de bras près) pour la séance photo. Elle a mal au dos, mal au cou, mal au cœur. Elle se sait beaucoup trop maquillée, elle porte des vêtements prêtés qu'elle aimait au début, mais qui maintenant la grattent à mort, elle a faim, elle est fatiguée, elle n'en peut plus.

— Baisse la tête…

« Non mais, vas-tu la prendre, ta crotte croûtée de photo de prout ?! »

— Souris !

« J'ESSAIE, CHOSE BINE ! »

Les flashs lui donnent mal aux yeux, et sourire après des heures (car il y a eu auparavant les photos de groupe) demande aux muscles de ses pommettes un effort digne du livre des records.

« Est-ce que ça se foule, des pommettes ? J'ai peut-être une pommette foulée ? »

— OK, on en fait une petite dernière…

« Ça fait juste vingt fois que tu me la sors, celle-là ! »

Émily n'a pas soupé, ses devoirs ne sont pas commencés et il est vingt et une heures.

« S'il y a un cours de chant ou de danse après ça, je me guillotine sur place. »

— OK, c'est beau ! lance le photographe.

« NON ? ! »

— C'est fini ? demande Émily qui n'ose y croire.

— Oui, ma belle, c'est fini.

« Tralala-outi ? »

Sur ses jambes flageolantes, Émily se rend au salon. Plusieurs académiciens sont assis autour de la grande table avec leurs livres. Devant la télé, le Musclé et Nathan regardent un documentaire fort édifiant sur des cascadeurs paralytiques.

— Je meurs de faim ! s'exclame Émily en se laissant tomber sur une chaise à côté de Thomas.

— Il y a des sous-marins dans le frigo, l'informe Kathryn.

— J'y vais, fait Émily qui reste néanmoins immobile, vannée.

— Tu reviens de la séance photo, toi ! lance Romane en riant.

— La séance de torture, plutôt !

— Ça prend vraiment un tapon pour nous donner un devoir d'algèbre le premier jour d'école ! rage Kumba devant son cahier.

— « A » plus « B » égale « X », dit Thomas.

— Minute minute, qu'est-ce que t'as dit ? répond Kumba en notant.

— J'ai faim, répète Émily, les yeux dans le vague.

— Tu veux que Julien aille t'en chercher un ? demande Thomas.

— Quoi, quoi ? coasse le Musclé en levant ses yeux de la télé.

— Un sous-marin ! Va en chercher un pour Émily ! l'exhorte Thomas. Et pas dans la mer, précise-t-il en lui indiquant la cuisine.

— Meh ! Pourquoi moi ?

— Parce que t'es devant la télé pendant que, nous, on fait des devoirs !

— Nathan aussi, il est devant la télé ! rétorque le Musclé.

— Non non, je suis pas vraiment devant la télé, corrige Nathan. Je suis de biais.

— Vous avez pas de devoirs, vous ? lance Émily.

— On a eu le temps de les faire tantôt, explique Nathan. On n'a pas été photographiés encore.

— Oh. Mon. Dieu ! Bonne chance, les gars ! fait Émily en s'adossant sur sa chaise. C'est vraiment looooong.

— Oh, moi, j'ai hâte ! dit le Musclé en gonflant ses biceps avec coquetterie.

— Un peu de maquillage, aussi, Julien ? le taquine Nathan en lui donnant une tape amicale.

— Quoi ? Hein ?

— C'est vraiment l'enfer, poursuit Émily. Moi aussi, je pensais adorer ça. Mais c'est vraiment du tataouinage !

— Du quoi ? demande Thomas en riant.

— Du TATAOUINAGE. Plus à droite, plus à gauche, plus en bas, plus en haut, danse la gigue, pète sur le rythme, frémis de l'oreille. Pffff.

— « A » MOINS « B » ÉGALE « J'HAÏS ÇA » ! ! ! grogne Kumba en lançant son crayon qui atterrit sur la cuisse de Thomas.

— Hé ! Une invasion de missile au plomb ! On m'attaque !

— C'est pas si compliqué, pourtant ! déclare Nathan en s'approchant de Kumba.

— Toi, le poil, mêle-toi pas de ça.

— En secondaire cinq, c'est encore plus compliqué, alors prépare-toi ! ajoute-t-il. Mais c'est drôle parce qu'on dirait que j'apprends pas les mêmes choses ici qu'à mon école.

— T'es vraiment chanceux de suivre tes cours ici, dans la Grande Maison, dit Émily.

— Je trouve pas ! ! !

— Pourquoi ?

— On sort jamais de la Grande Maison. On va devenir fous à rester toujours ici. Si au moins j'avais mon chien avec moi. PetitMiel serait…

« Alerte, changement de sujet, quelqu'un ! »

— Hé, c'est vrai, ça ! fait Romane. Vous sortirez jamais de la Maison, vous !

« Changement réussi ! Youpi ! »

— Mais, dans un autre sens, vous aurez jamais à gérer une meute d'élèves qui veulent votre signature ! continue Romane en faisant la grimace.

— Toi aussi ? s'écrie Émily.

— OUI ! Je badtripe solide. Avant, personne ne me parlait à mon école et, du jour au lendemain, je suis la vedette dans le couloir !

— Et toi, Kumba ? demande Émily en mordant à pleines dents dans le sous-marin que Julien vient de lui apporter.

— Chut ! répond Kumba, penchée sur sa feuille, les sourcils froncés. Je me concentre.

— Hé ! Kumbalala ! lance Nathan. Va dans ta chambre si tu veux travailler dans le silence.

— Je peux pas, mon poil ! Viva écoute One Direction dans le tapis. Avez-vous remarqué qu'ils dansent toujours pareil ? Je ne peux pas les supporter.

— Oh, c'est comme moi, intervient Kathryn qui lève la tête de ses cahiers pour la première fois.

— Ah oui ? Toi aussi, tu détestes One Dir…

— NON ! JE LES ADORE ! T'ES FOLLE ? s'exclame Kathryn avant de devenir rouge comme une bouteille de ketchup. Ce que je voulais dire, c'est qu'Amanda est dans la chambre et que je peux pas y travailler moi non plus.

— Ah bon ? Elle écoute quoi ?

— Elle écoute rien, elle médite. Et elle m'a dit que le bruit de ma respiration la dérangeait.

— Hihihihihihihihihi !

— Oh, franchement !

— Pffff.

— Salut ! lance Abiel à la ronde en entrant dans le salon, accompagné de Jérémie.

Les deux garçons rient comme des gamins en tentant de le cacher le plus possible.

— Quoi ? Qu'est-ce qu'il y a ?

— Rien rien, lâche Jérémie en pouffant.

— Non, rien, répond à son tour Abiel.

— Émily ! fait la voix de Barbery. C'est ton tour de passer l'entrevue.

« DE QUOI ? »

— Mais je suis en train de manger mon…

— Viens, dépêche-toi.

— Quelle entrevue ? demande Émily en rejoignant Barbery, tout en sentant entre ses dents des milliards de filaments de jambon.

— Mais l'entrevue pour la revue *Fun Fun* !

— Il y a une entrevue aussi ? !

— Tu pensais qu'ils allaient juste publier des photos ?

— Mais il est tard, monsieur Barbery ! Et…

— Vous avez pas de cours de chant ce soir, inquiète-toi pas.

« Heu… j'espère ! ! ! »

— Mais mes devoirs ?

— L'entrevue est dans la pièce du bas à droite, fait-il en pointant l'escalier du doigt. Ils t'attendent.

« JE VEUX QUE CETTE JOURNÉE SE TERMINE TOUT DE SUITE ! »

— Je peux passer aux toilettes avant ? J'ai plein de petits bouts de sous-marin…

— Dépêche-toi.

Mais, en entrant dans la salle de bain des filles, Émily sursaute devant le grand miroir. Celui-ci est couvert de gribouillis de rouge à lèvres. Des dessins de bonshommes allumettes, d'arbres, de cœurs, mais aussi des tags masquent complètement la surface. L'arme du crime, un rouge à lèvres Maybelline tout écrasé, est restée sur le comptoir, à côté du méfait.

Émily scrute les graffitis et reconnaît les signatures « Abiel le cruel » et « Jérémie the star ». Elle éclate de rire en prenant le pauvre petit bout de rouge à lèvres sacrifié. Puis elle court au salon, un sourire aux lèvres.

— Qui a oublié son rouge à lèvres dans la salle de bain ? demande-t-elle alors que

Jérémie et Abiel la regardent en prenant un air innocent.

Jérémie lui fait un sourire qui lui va directement au ventre.

— Hé ! C'est mon rouge à lèvres ! fait Kumba en tendant le bras. Mais... mais... Qu'est-ce que... Il est tout bousillé ! ?

— C'est fou, ce qu'on peut faire avec un rouge à lèvres ! dit Jérémie, mine de rien. Pas vrai, Abiel ?

— Rouge à lèvres ? C'est quoi ça, un rouge à lèvres ? rétorque Abiel.

— Qu'est-ce que vous avez fait à mon ROUGE À LÈVRES ? s'écrie Kumba en se levant d'un bond pour les étrangler.

Les deux garçons s'enfuient vers la mezzanine en riant.

— Vous allez me payer mon rouge à lèvres ! rugit Kumba qui s'élance à leur suite en poussant des cris de guerre.

— Qu'est-ce qui s'est passé ? demande Kathryn en levant de nouveau les yeux de son cahier.

— Les filles, cachez votre maquillage, annonce Émily d'un ton lourd, avec une gravité feinte. Il y a des tagueurs dans la maison.

— Quoi ? Quoi ? répond Julien pendant qu'Émily descend l'escalier en chantonnant :

— *I love you like a looooove song, baby...*

— Je sais, Nik ! réplique Jérémie de la mezzanine, juste avant que Kumba ne lui saute sur le dos en hurlant.

30.

— Le sandwich n'est pas bon.

Assise dans un coin de la cafétéria, Émily reluque avec dédain l'intérieur de la boîte à lunch fournie par StarAcAdo.

— Pensez-vous que je peux prendre la nourriture de la cafétéria à la place ?

— Ben oui ! répond Emma, pragmatique.

— Tu pourrais vendre ton lunch sur eBay, dit William en riant. Un lunch de StarAcAdo, intact, pas mangé. Hahahaha.

Émily s'esclaffe.

— Je vais le prendre, moi, souffle Maud.

— Eh, moi aussi je le veux ! s'écrie l'une des quatre personnes inconnues qui ont tenu à manger à la même table qu'elle.

— Je peux te parler, Émily ? demande Francis Breton qui vient de se poster à côté de leur table.

« OH ! MON ! DIEU ! »

— Tu veux dire : maintenant ? lance Émily pour gagner du temps.

— Oui. Maintenant, répond Francis.

« Je capote. »

Elle se lève comme dans un brouillard. Emma arbore un air inquiet. William regarde son ancien camarade de musique avec sollicitude.

— Francis, t'es sûr que…, commence-t-il.

— Reste en dehors de ça, *man* ! fait Francis. Ça te regarde pas vraiment, je pense.

William secoue la tête, désolé. Emma semble catastrophée.

« C'était donc ça ! se dit Émily, frappée par la révélation. C'était pour ça qu'ils ne partageaient pas mon enthousiasme pour le gala ! Je suis donc ben ÉPAISSE ! »

William et Emma ont tenté de dire à Émily qu'ils savent qu'elle a menti, et ils ont voulu l'aider à se sortir de cette situation ! Mais Émily s'est fâchée, comme d'habitude. Et ils ont laissé tomber.

« Ils étaient dans la salle !!! Bien sûr qu'ils le savent ! se dit-elle en se levant pour suivre Francis, la mort dans l'âme. Comment j'ai pu penser qu'Emma et William… Et c'est passé à la télé ! Comment j'ai pu oublier que Francis écouterait le gala lui aussi ?… »

— On va aller dans un local de piano, dit Francis d'une voix atone.

« Oh ! Mon ! Dieu ! »

— OK, fait Émily qui signe quelques agendas au passage, la main tremblante.

— Merci ! lui répondent les ombres autour d'elle.

— De rien.

Émily souhaite soudainement qu'un violent orage vienne soulever le toit du pensionnat et que, dans cette situation d'urgence, Francis oublie tout.

Au milieu du déluge, dégoulinante de pluie, elle dirait :

— Je m'excuse, Francis.

Et lui, blessé gravement, répondrait :

— Rien n'a d'importance maintenant, puisque nous sommes vivants.

Mais le magnifique soleil d'hiver filtre par le vitrail de la salle de musique et Émily suit Francis jusqu'au banc de piano, à la même place où, quelques mois plus tôt, tous deux ont interprété la chanson *Gyrophare.*

Ses paroles à elle. Sa musique à lui.

Sa sublime musique.

— Assieds-toi, dit-il en l'invitant à se joindre à lui.

— Francis, je…

Mais Émily s'arrête d'elle-même.

« Je quoi ? Il y a top rien à dire, c'est affreux. »

Un silence interminable s'installe. Elle reste sans bouger à ses côtés. Puis Francis plaque ses mains sur le piano et joue la mélodie de leur chanson.

— C'est vrai que c'est une hyper bonne chanson qu'on a faite, laisse-t-il échapper. Qu'on a faite tous les deux, précise-t-il.

Émily veut mourir. Jamais elle ne s'est sentie aussi mal de toute sa vie. D'un côté, elle risque de perdre sa place à l'Académie. De l'autre… eh bien, de l'autre…

« Je suis foutue, en fait. »

— Je pensais pas que ça se saurait, murmure alors Émily. J'ai dit ça en audition seulement.

— Tu pensais pas que ça se saurait ? Tu veux dire, genre, que c'était pas grave de ne pas faire valoir mes droits à une équipe professionnelle de musique, en autant que je le sache pas ?

« Ouin… Poche. »

— Je… je…

— Pourquoi t'as fait ça, Émily ? Je comprends giga rien ! J'aurais jamais cru que toi… J'aurais jamais cru… que TOI…

— J'ai paniqué ! s'écrie Émily, sentant les larmes lui brûler les yeux. Après avoir chanté la chanson, j'ai réalisé qu'ils me prendraient pas! J'ai top paniqué! Pis ils m'ont dit…

Émily a l'impression que ses poumons ne veulent plus absorber d'air. Elle se sent étouffée de honte, étranglée par l'horreur, écrasée par le visage déconfit de Francis qui la regarde avec tellement de mépris.

— Ils m'ont dit que le fait d'être auteur-compositeur pouvait m'aider à être choisie. Et… et… quand ils m'ont demandé… quand…

Elle suffoque. Les sanglots dans la gorge, l'air en fuite.

— T'as genre répondu que t'avais composé ma chanson, dit simplement Francis.

— Ouiiiiiiiiiiiiiiiii, répond Émily en éclatant en sanglots.

Le garçon demeure sans bouger, visiblement habité d'une colère sourde.

— J'ai essayé de dire que c'était toi, mais ils m'ont pas écoutée, ils me laissaient pas parler, puis j'ai pensé… que personne ne le saurait, poursuit Émily à travers ses larmes. Je croyais… Je sais pas…

— Et t'as pas pensé à moi? rétorque durement Francis. Tu signes des autographes dans les couloirs du pensionnat depuis hier comme une méga vedette, le sourire fendu jusqu'aux oreilles ! Et t'as pas pensé une minute à venir me parler ? !

Le ton acerbe de son ami fait sursauter Émily. Elle ne l'a jamais vu comme ça auparavant.

— Francis, je… je… je suis désolée, OK ? bafouille-t-elle. Je suis dépassée par les événements depuis le début. Je comprends plus rien, moi non plus. Tout va trop vite. Et…

— Et ?

— Et tu vas me dénoncer, fait-elle en sanglotant de plus belle. Et je… le mérite. Je… m'excuse, Francis. Je m'excuse… tellement !

« Voilà, c'est fini, StarAcAdo », pense Émily, noyée dans son mucus.

Francis inspire profondément, pose ses mains à plat sur ses cuisses. Puis, dans un geste étonnant, il tend un mouchoir à Émily.

— Je vais pas te dénoncer.

« Heu… QUOI ? ? ? »

— Qu'est-ce que tu dis ?

— Je dis que je vais pas te dénoncer, répète-t-il.

« Youkaïdi youkaïda ?… »

— Je vais plutôt te vendre mes droits, précise Francis.

— Me vendre tes droits ? dit Émily en s'essuyant les yeux.

— Exactement. Comme ça, tu seras la vraie compositrice de *Gyrophare*. On sera quittes.

— Mais… tu veux de l'argent ?

— Non.

Émily jette à Francis un regard confus, avant d'essuyer ses joues mouillées.

— Je comprends pas ce que tu dis, alors, lâche-t-elle.

— Je te cède les droits de *Gyrophare* si tu chantes une de mes chansons dimanche prochain.

« Juste ça ??? OUI ! OUI ! OUI ! »

— OUI ! SANS PROBLÈME ! s'exclame Émily avec un tel soulagement qu'elle pourrait danser le *shuffling* à reculons.

— Oui ?

— Oui ! Ça va me faire plaisir, même ! ajoute-t-elle en souriant.

— Tu pourras même dire que la chanson est de toi, précise Francis.

— Heu… hein ?

— Tu pourras dire que…

— J'ai compris, mais alors… quel est ton avantage là-dedans ?

— Tu vas comprendre quand tu liras la chanson. Je t'ai gravé la mélodie là-dessus, dit-il en lui tendant un CD. Tu pourras l'apprendre pendant la semaine.

— OK, mais…

— Si tu chantes ça dimanche, je te donne les droits de *Gyrophare*. Et on n'en parle plus jamais. Ta dette sera effacée.

— OK, fait Émily en hochant la tête. T'es sûr que… ?

— Oui, confirme Francis avec un faible sourire.

— OK.

Émily décolle la feuille qui se trouve autour du CD.

— Merci, Francis. Je sais pas quoi te dire, mais merci, je…

— Pas de quoi, répond-il.

Émily baisse les yeux sur la feuille. Le titre lui saute aux yeux.

LA VOLEUSE

Elle regarde Francis, stupéfaite.

— Continue de lire, lui dit-il.

La feuille s'est mise à trembler dans la main d'Émily.

LA VOLEUSE

Je suis jolie, il est vrai,
Regardez-moi, du vrai champagne !
Un soleil à la campagne,
Une envie, un baiser
Une hirondelle.

Comme elle est belle, Émily
Mais cognez sur ma surface
Aller voir à l'intérieur
Je suis jolie, il est vrai
Mais en dessous tout est si laid.

Tout est si laid
Que j'en ai peur,
Ne venez pas
Car tout y meurt.

Personne ne sait que sous ma peau
Que sous mes traits qui sont si beaux
Que sous mon charme, ô l'heureuse,
Chargez vos armes, je suis voleuse.

Et dans mon âme, bien cachée
Sous mes cheveux couleur de blé
Et sous le fard et maquillage
Je suis outrage.

Je suis jolie, il est vrai
Mais en dessous, tout est si laid.

— Tu vas voir, dit Francis. La mélodie est très jolie aussi.

31.

Émily claque violemment la porte du petit studio insonorisé de la Grande Maison. En fait, elle tente de la fermer violemment, mais la porte, munie d'un frein, se ferme avec lenteur, dans un minable petit clic.

Émily aurait voulu que ça fasse un bruit d'enfer. Un bruit à la hauteur de son exaspération.

— J'y arriverai jamaiiiiiiiiiis ! crie-t-elle en donnant un coup de pied dans le mur, la partition de Francis à la main.

Elle frappe de nouveau du pied. Encore. Et encore.

— Holà, on se calme ! lance Madeleine Aubin en sortant du studio voisin, furieuse.

Émily aperçoit la tête d'Abiel, qui est à demi caché derrière le professeur.

— Ça va pas, Émily ? demande-t-il, inquiet.

— Abiel, retourne derrière le micro, ordonne Madeleine Aubin en montrant du doigt l'intérieur du studio. Et toi, poursuit-elle en regardant Émily, tu te calmes ou tu vas prendre une marche. Il y a pas de place pour les éclats de ce genre ici. Maîtrise ton caractère. Compris ?

Puis l'enseignante referme la porte doucement derrière elle.

« Bon, j'ai mauvais caractère. Et alors ? » pense Émily en fulminant… silencieusement.

Elle aurait envie de briser toutes les fenêtres de la Grande Maison. Et il y en a beaucoup. Ou alors, de jeter par terre le contenu de la bibliothèque du grand salon dans un énorme badaboum.

« Ouais ! Bonne idée ! » se dit-elle en montant l'escalier d'un pas colérique, tout en sachant qu'elle ne fera jamais une chose pareille. Mais l'idée la soulage tellement qu'elle gravit les marches quatre à quatre. Or, rendue au salon, elle réalise que sa furie a nettement diminué grâce à l'exercice physique.

« Tiens, je devrais peut-être faire comme le Musclé et passer des heures sur les machines du gym ! »

Il n'y a personne dans le grand salon, hormis Jérémie, assis à la table de travail devant un livre de grammaire.

« Ben, tiens ! Quand la malchance colle sur moi ! »

Émily songe à rebrousser chemin jusqu'à sa chambre, mais sa colère s'est muée en un désespoir immense. Sachant que Romane n'y est pas, elle a peur de se retrouver seule. Au moins ici, il y a une présence.

« Bon, j'aurais préféré une autre présence, mais on va faire avec. »

À son grand soulagement, Jérémie n'a pas levé les yeux et l'ignore complètement. Elle se dirige donc vers les divans, le cœur dans la gorge, et s'y affale en fermant les yeux.

« Du calme, du calme, du calme... Inspire, expire. »

Mais rien n'y fait. Son désarroi reste là, entre les intestins et la poitrine. Une peur grandissante, qui gruge sa chair de l'intérieur. Émily ne peut plus se défiler. Il faudra qu'elle chante cette chanson.

« Cette horribilo-chanson ! »

Elle a beau les avoir lues au moins cent fois, les paroles lui font toujours mal.

« Comment le public va-t-il réagir ? »

« Et les autres candidats ? Comment vont-ils réagir à la répétition commune de demain ? »

En outre, Émily n'a toujours pas réglé le problème de la musique. Comment faire croire qu'elle l'a composée alors qu'elle demeure incapable de la reproduire au piano?

« Crotte constipée. Je suis cuite. »

Les yeux clos, Émily tente de chasser le tournimini. C'est alors qu'elle ressent une onde dans le divan sous elle. Une petite vague. Quelqu'un s'est assis à ses côtés.

« J'aurais quand même dû aller dans ma chambre... Ann m'aurait sûrement laissée tranquille. »

Émily imagine l'iguane frottant la vitre de son aquarium en disant: « Qu'est-ce qui ne va pas, *dear*? »

Elle n'a pas envie de parler. Elle veut juste attendre que la peine passe, que le choc s'atténue. Semblant lire dans ses pensées, son voisin reste muet. Curieuse, elle ouvre les yeux. Jérémie est assis sagement à côté d'elle, sans rien dire. Il regarde droit devant lui.

— Salut, lâche Émily qui aurait plutôt envie de lui crier: « Va-t'en! »

— Salut, répond-il.

Le silence se réinstalle naturellement.

« Heu... wow? »

Émily est subjuguée. Jérémie est venu s'asseoir à côté d'elle pour réfléchir. Comme ça. Simplement.

Ou est-ce pour être à ses côtés?

« Hum. »

— Je… Ça… heu…, balbutie Émily.

— On est pas obligés de parler, Nik, l'interrompt-il. T'as pas l'air de quelqu'un qui a le goût de parler, de toute façon. Mais je me suis dit que tu aurais peut-être envie de pas être seule. C'est tout.

« TOP WOW ? ! »

— Ouais… merci, répond-elle, confuse.

« Heu… »

Soulagée à l'idée de ne pas être obligée de parler, elle a soudainement envie de se confier. Aussi paradoxal que cela puisse paraître.

« Il va me trouver complètement débilos de changer d'idée ! »

Silence.

Silence.

N'en pouvant plus, Émily se tourne vers Jérémie.

— Et… si j'ai envie de parler maintenant ? risque-t-elle.

Jérémie éclate de rire.

— Ben oui, tu peux. T'es drôle.

— Tu restais là, sans parler…

— Pour être avec toi.

Émily le regarde avec curiosité. Pour elle, Piscine Plus demeure un mystère. Et elle doit admettre qu'elle découvre depuis quelque temps un Jérémie bien différent de celui qu'elle a toujours connu.

— C'est drôle, dit-elle. Je voulais être seule, mais en même temps, non. Je suis compliquée, hein ?

— Ici, tu seras jamais seule, puisque tu es toujours devant des milliers de personnes, ajoute Jérémie, un étrange sourire aux lèvres.

« OH, MON DIEU ! »

Elle avait oublié ce détail. Sa crise de colère a été filmée !

— Ça va pas bien, toi, hein ? poursuit Jérémie sur un ton moins badin.

— Non, répond Émily en sentant le tournimini se transformer en tornade mexicaine.

Jérémie a-t-il voulu lui faire passer un message en lui rappelant qu'ils sont probablement filmés ?

« Oh. Mon. Dieu ! Une chance que les studios de piano ne sont pas munis de caméras ! ! ! »

Elle qui s'apprêtait en plus à lui raconter qu'elle vient de passer deux heures à tenter de jouer la partition de Francis au piano !

« À deux doigts de la gaffe monumentale ! »

« Youhou ! ! Téléralité, Émily ! Ça veut dire : c-a-m-é-r-a ! »

Sans prévenir, Jérémie lui prend la partition des mains et se met à la lire. Puis il plonge son regard bleu dans les yeux d'Émily.

« Il a lu les paroles », se dit-elle sans bouger.

Jérémie garde le silence quelques instants et hoche la tête lentement avant de lui remettre la partition.

— C'est toute une composition, ça, Nik.

— Ouais, souffle-t-elle.

— Et j'imagine que t'as besoin de quelqu'un qui la joue pendant que tu chantes ?

« Que quoi ? »

— Je te connais, Nik, poursuit-il en appuyant son regard. T'es super bonne pour composer au piano. Mais t'es jamais capable de chanter EN MÊME TEMPS, n'est-ce pas ?

— Heu… je… Ouais, héhé.

« Je rêve ?! »

Émily est abasourdie. Jérémie vient de trouver comment la sortir du pétrin ! Elle ne parviendra jamais à jouer cette partition, car ses bases de piano sont beaucoup trop rudimentaires. S'ils réussissent à faire croire qu'elle sait composer au piano, mais qu'elle ne parvient pas à chanter et à jouer en même temps, elle ne sera peut-être pas démasquée…

Jérémie regarde Émily, un sourire en coin.

— Demande à Maxence, il joue bien. Il va t'accompagner, lui. Je le ferais bien, mais je suis vraiment nul au piano.

— OK. Merci pour… l'idée, murmure Émily.

Les deux adolescents demeurent silencieux quelques secondes.

— Tu sais à qui me fait penser cette chanson ? demande alors Jérémie en pointant un index vers la feuille.

Émily pense aux paroles qu'il vient de lire. Aux horribles paroles, et à la personne horrible qu'elles dépeignent.

— À qui ? demande-t-elle, sur le qui-vive.

— À moi, répond-il simplement.

32.

Coucou ma V.I.P. préférée ! LOL

Tu sais quoi ? Je t'ai vue sur Internet !!! Il y a des extraits vidéo sur la page de StarAcAdo ! C'est trop kiffant ! Du coup, je me la joue depuis une semaine auprès de mes copines parce que je chatte avec une star. Je suis bien plus populaire maintenant ! Et ça, c'est grâce à toi ! Et puis, tout mon bahut te suit sur la Toile !

Pour répondre à ta question : oui, j'ai de bons yeux ! MDR ! Tu m'as trop fait marrer. T'es toujours aussi drôle ? Faut pas exagérer quand même, je suis sourde comme une vieille mais pas myope comme une taupe! En fait, je lis sur les lèvres pour comprendre. Alors j'ai intérêt à avoir de très bons yeux!

J'ai aussi ma propre idée de ce qu'est la musique puisque je ressens les vibrations dans tout mon corps. Et surtout pendant les concerts... Oui, oui, je vais tout de même voir des concerts! Je n'aurais manqué Gotye pour rien au monde et, pour tout te dire, j'ai même déjà vu Céline Dion au Stade de France!

Dernier point: nous ne sommes pas aussi ringards que tu le crois puisque personne, PERSONNE, ne dit plus «ami de coeur» depuis un bail, poulette! Ici, on dit «mon mec».

Bisou bisou,
Clem xxx

33.

— *Go*, WIIIIIIIILL ! crie Emma du haut de l'estrade.

— Alors, il m'a dit : « Je te connais, Nik, je sais que tu ne sais pas jouer du piano en même temps que… »

— AL-LEZ, WIL-LY ! AL-LEZ, WIL-LY !

Les deux amies assistent, en compagnie d'Elton, à un tournoi d'escrime. C'est commencé depuis une heure. William s'est qualifié pour la finale au fleuret dans sa catégorie, et la foule (majoritairement féminine) hurle en sa faveur en attendant le début du tour de poule. Mais Émily se contente de rester sagement dans le coin du gymnase en sautillant discrètement pour se réchauffer.

— Tu cries pas ? dit Emma en la poussant du coude.

— Je protège ma voix.

— Oh, c'est vrai.

Emma se remet à hurler en moulinant du bras. Sa voix s'éraille plusieurs fois dans le tumulte.

— Emma, tu vas te détruire les cordes vocales à vie.

— Ben, je crie pour deux ! C'est musti exigeant.

— Quand même…

Émily regarde William de son estrade. Celui-ci porte le traditionnel uniforme blanc et paraît en parfaite maîtrise de ses moyens. Concentré, droit. Solide.

« Comment fait-il pour être toujours aussi équilibré ? » songe Émily.

— Nous demandons le silence, s'il vous plaît, fait un homme aux cheveux gris dans le micro.

— Allez, Will, murmure Emma tout bas en croisant les doigts.

William s'approche et fait le salut habituel avant d'abaisser son masque grillagé sur sa mèche blonde. Émily est déconcertée. Alors qu'elle a toujours été emballée par les tournois de William, elle ne ressent aujourd'hui aucune excitation. Comme si son environnement immédiat avait été subtilisé et remplacé par un autre. Comme si elle n'appartenait plus à ce monde-ci.

— Tu me signes un autographe, Émily ? glisse, derrière elle, une fille d'une autre école, les yeux ronds.

— Chut ! lance Emma.

— Bien sûr, répond Émily, tout bas, en esquissant un sourire d'excuse.

— Oooooh ! s'exclame la foule en réagissant à un coup porté durant l'assaut.

Mais l'attention d'Émily se fixe sur l'agitation que son autographe a créée dans les bancs voisins. Et bientôt, une petite file se forme dans l'allée à côté de son banc.

— Émily Faubert, c'est toi, hein ? demande un garçon.

— T'es mon idole, s'empresse de dire une autre adolescente. Ta chanson dimanche était tellement émouvante. Je suis…

— CHUT ! répète Emma, les sourcils froncés.

Émily sourit maladroitement à l'adolescente qu'Emma vient de rabrouer. Depuis le dernier gala, les réactions sont excessives. Sa chanson, *La voleuse*, a suscité de très nombreuses réactions. À sa grande surprise, la foule s'est levée d'un bond à la fin, et même Barbery en a perdu la voix.

— Émily, tu viens de nous prouver que tu es une grande, une très grande artiste, a-t-il dit après un long silence.

« HEIN ? »

Dès le début des répétitions, les professeurs ont salué l'audace d'Émily d'avoir écrit des paroles aussi critiques sur elle-même.

— Ah oui ? Ah... heu... ben... Merci ? a-t-elle balbutié.

Puis elle a carrément volé la vedette au gala malgré une chanson qu'elle déteste et un look qui, selon Kumba, était un vol direct pour la mise en danger. Elle a choisi, sur une suggestion de Lee, de se présenter sur scène en jeans et t-shirt blanc.

— Ta chanson a l'air d'un aveu, a dit Lee. Présente-toi telle que tu es pour la chanter. Sans maquillage. Rien.

« Tant qu'à m'humilier ! » s'est dit Émily.

Elle a donc joué le tout pour le tout, montant sur scène le visage au naturel, les cheveux noués en une simple queue de cheval, pensant que ce serait sûrement la dernière fois qu'elle allait y monter.

Or, un miracle s'est produit. La chanson a touché le cœur des spectateurs plus que n'importe quelle autre chanson. Émily l'a senti dès les premières mesures. La musique de Francis peut-être. Les paroles, sans doute. Elle a ressenti un grand frisson ainsi à nu devant les spectateurs.

« Me voici telle que je suis. M'aimez-vous quand même ? » a-t-elle eu l'impression de leur dire.

La clameur qui a suivi a été si vive qu'Émily en est venue à penser que Francis avait peut-être tout planifié depuis le début.

— Tu as été sublime, a-t-il dit dès son arrivée dans les vestiaires le lendemain, en la gratifiant d'un immense sourire.

Francis : Un

Émily : Un

Dans les jours qui ont suivi, la machine s'est emballée à une vitesse folle. La Grande Maison a reçu la visite d'un journal pour une entrevue avec elle, avec seulement elle, ce qui n'a pas fait l'affaire de tout le monde (en particulier d'Amanda). Émily faisait la une du même journal dès le lendemain avec le titre suivant : « Une délicieuse rebelle à l'Académie ». Suivi d'un texte honorant la candidate « qui dit non à la beauté à tout prix ».

Romane s'est étouffée avec ses céréales en lisant l'article.

— Hé ! Tu viens de me voler mon casting ! a-t-elle dit en rigolant. C'est moi, ça !

« C'est top débilo-incroyable ! » se dit Émily chaque matin, encore sous le choc.

Les admirateurs, qui sont chaque jour de plus en plus nombreux, à l'entrée de la Grande

Maison, pour voir les académiciens se préparer à aller à l'école, tentent de lui arracher un autographe ou de la prendre en photo. Elle a même reçu la lettre d'une fan suicidaire qui lui disait merci de lui avoir sauvé la vie !

Devant elle, l'adversaire de William vient de faire une jolie touche. Émily fait signe à sa jeune admiratrice de lui tendre son bout de papier. Elle décide de faire de même pour le petit attroupement qui s'est formé derrière.

L'assaut se termine avant qu'elle n'ait eu le temps de terminer sa séance de signatures. Emma applaudit à tout rompre avant de se tourner vers son amie.

— Ém ! Tu regardes même pas !

— Merci tellement ! dit alors une jeune fille à lunettes en reprenant son bout de papier. T'es géniale. Je t'admire beaucoup.

— Ça me fait plaisir, lui répond Émily.

— Ta chanson a changé ma vision des autres, déclare une autre fille, les yeux brillants. C'était… *full* courageux.

— Merci, fait Émily, troublée.

— Je suis vraiment…, commence une autre.

— OK, là, ça va faire ! s'écrie Emma en se levant. Vous voyez pas qu'elle essaie de regarder l'assaut en cours ? C'est son chum sur le tapis, laissez-la un peu tranquille ! Franchement !

Émily sent son nez devenir cramoisi. Emma gesticule dans l'allée et tout le monde semble étonné de voir une aussi petite personne faire une crise de colère si stupéfiante.

— Retournez à vos places ! ordonne-t-elle encore d'une petite voix aiguë. On est pas à Inter 3 ici, on est au tournoi d'escrime. Émily a le droit de regarder son chum sans se faire déranger toutes les deux secondes pour se faire dire qu'elle est donc musti bonne. C'est gentil, là, mais ça va faire !

Piteusement, les adolescents rebroussent chemin. Malgré le fait qu'elle est aussi haute que les dossiers des bancs de l'estrade, Emma a réussi à dominer tout le groupe. Elton siffle d'admiration à ses côtés.

— Wow ! T'as jamais pensé à devenir politicienne ? lui dit-il, visiblement épaté.

— Désolée, Émily, mais t'arrivais même pas à voir les touches de William !

— Je sais. Je sais. C'est quoi, le pointage ?

— Will se fait planter.

— Oh.

Émily regarde son ami. Celui-ci écoute attentivement, sans bouger, ce que lui dit son entraîneur. Elle sait qu'elle devrait se sentir plus proche de William à cet instant. Mais la vérité, c'est qu'elle aurait préféré continuer à parler aux gens qui l'ont approchée. Leur parler de ce qu'elle a ressenti lorsqu'elle a chanté *La voleuse*. Leur parler de musique. De ce que peut faire la musique.

— Il va se reprendre, l'assure Elton.

Émily réalise alors avec effroi qu'elle a envie de retourner tout de suite à la Grande Maison et de retrouver les autres, alors qu'elle devrait être heureuse de profiter de cette journée de relâche.

Pourquoi l'escrime lui semble soudainement être un sport plutôt ennuyeux ? Pourquoi la vie hors de la Grande Maison ou de Star-AcAdo lui paraît si terne ?

« Biiiiiiiiiiiiiiiiiiiiiiiiiiiiiiiiiiiiiiiiiiiiip ! »

La sonnerie indiquant la reprise des assauts retentit. Émily tente de fixer son attention sur le duel du mieux qu'elle peut, mais se surprend à rêvasser. Elle revient brutalement à la réalité en voyant William jeter son casque par terre dans un geste de colère.

— C'est musti vicieux ! affirme Emma, fâchée.

« Qui que quoi ?... »

— Il doit être en super maudit ! ajoute Elton.

Émily pose ses yeux sur le pointage. William vient de perdre, en plus de recevoir un carton rouge de faute. Une défaite crève-cœur pour celui qui a toujours une longueur d'avance sur ses adversaires. Mais William n'a pas l'habitude de réagir ainsi lorsqu'il perd.

— Heu… j'ai un peu manqué ce qui vient de se passer…, avoue Émily, honteuse.

— Pas juste ce qui vient de se passer, Ém. T'as manqué TOUTE la poule, déplore Emma.

— Je sais.

Émily ne peut se résoudre à cacher la vérité à Emma. Depuis l'affaire de la tricherie, elle a fait la promesse solennelle à son amie et à William de ne plus jamais leur mentir. Et elle tiendra parole.

Emma lui prend la main.

— William s'est fait battre à plate couture, Émily. Il est visiblement musti pas en forme. On dirait presque qu'il est dans le même état que toi.

— Oh.

Émily s'empresse de tourner la tête vers William dont le regard, par hasard, croise le sien. Il hausse les épaules, l'air de dire : « J'y peux rien ! » Émily éclate de rire.

— C'est pas grave ! crie-t-elle dans sa direction, ce qui fait apparaître un sourire timide sur son visage.

— Il y a vraiment juste toi pour réussir à faire rire un gars qui vient de jeter son casque à terre, dit Elton, amusé.

— Ouais.

Le trio quitte les estrades afin de rejoindre Will. Plusieurs personnes sourient à Émily en passant à ses côtés. Certains inconnus lui disent bonjour, et un garçon va jusqu'à la photographier avec son cellulaire. Emma accroche Émily par le bras.

— Je m'excuse pour tantôt, lui dit-elle à l'oreille. J'aurais peut-être pas dû être bête. Je vois bien que tu vis des choses… spéciales de ton côté. J'aurais pas dû m'en mêler.

— Ben non, t'avais raison. Je pouvais plus regarder l'assaut. J'étais top dérangée.

— T'as pas le goût d'être avec nous, hein ?

Émily se mord les lèvres. Au loin, elle voit William arriver avec son gros sac d'entraînement, la mèche de cheveux mouillée sur le front, les joues rouges sous l'effort. Il y a une éternité, elle n'aurait voulu qu'une chose : rester dans ses bras toute la vie. Les choses peuvent-elles changer à ce point, en si peu de temps ?

— Voyons, Emma, s'entend-elle dire. Le lien ? Bien sûr que j'ai le goût d'être avec vous !

— On va à l'indien pour fêter mon fiasco ? demande William, bon joueur, en arrivant à leur hauteur.

— OUIIIIIIIII ! s'écrie Emma.

— C'est pas un fiasco, *man*, dit Elton. C'est carrément un assassinat sportif.

William rit.

— Qu'est-ce qui s'est passé ? lui demande alors Émily en s'approchant de lui.

— Je sais pas, mon cœur. Je sais pas.

34.

— Un, deux, trois, quatre, cinq, six, sept, HUIT ! répète Bastien.

— Merde ! hurle Nathan qui vient une nouvelle fois de rater la suite de mouvements.

— Tu vas l'avoir, mon poil. Décourage-toi pas, dit Kumba, les mains sur les hanches, le cou trempé de sueur.

— Allez, Tarzan ! renchérit Abiel.

Il est tard, les académiciens sont épuisés et rient pour rien. Nathan et Bastien s'acharnent sur la séquence dansée du refrain de la chanson *Payphone*, qu'ils présenteront au gala le lendemain.

— Concentre-toi, Nathan ! ajoute Romane, moqueuse. Je veux aller me coucher, moi !

— J'y peux rien ! J'y arrive pas ! répond Nathan, les sourcils froncés.

— On recommence, fait Bastien patiemment.

— Il pourrait ne pas faire la chorégraphie, lâche Amanda en croisant les bras, ce qui suscite un soupir collectif.

Au fil des semaines, les autres académiciens ont découvert sa vraie nature, au grand plaisir d'Émily. Seuls les enseignants voient toujours Amanda comme une perle précieuse au fond d'une huître. Et le public, bien sûr. Car Émily doit l'admettre, Amanda est sa vraie rivale dans le cœur des spectateurs. Son blogue est le plus actif de toute l'Académie. Mais il est vrai qu'Émily rechigne à alimenter son propre site.

« Top plaaaaate. »

— Non, tout le monde fait la chorégraphie, réplique Bastien. C'est ça, la vie de groupe !

— Elle a raison, *man*, soupire Nathan d'un air désolé. Je devrais peut-être me retirer et...

— Non non, mon petit poil, dit Kumba en lui écrasant volontairement le pied. Tu t'en sortiras pas comme ça. Au travail.

Abiel sourit. Émily aussi. Son regard croise alors celui de Jérémie et un frisson glisse dans son dos.

« C'est sûrement ma camisole qui frotte », songe-t-elle.

— Et puis, c'est bon pour Viva aussi ! déclare Bastien en faisant un clin d'œil à l'adolescente boudinée. Ça va la remettre dans l'ambiance.

De retour au sein de l'équipe pour les chorégraphies de groupe après avoir été expulsée dès la deuxième semaine, Viva a embrassé les autres académiciens en pleurant de joie de les revoir.

— Je m'ennuie de vous, tellement ! a-t-elle dit dès son arrivée, les joues trempées de larmes.

— Oh, zut, a répondu Kumba pour alléger l'atmosphère. Je perds ma chambre privée pour le week-end !

Nathan a alors soulevé son amie dans les airs afin de l'asseoir sur le dessus de la massive bibliothèque, comme il le fait souvent pour avoir sa revanche. Car Kumba se retrouve toujours coincée en hauteur sans pouvoir redescendre.

— Cinq, six, sept, huit…, fait Bastien en relançant la musique.

Les académiciens reprennent la chorégraphie. Une fois. Deux fois. Trois fois. Jusqu'à ce que le grand Nathan parvienne à enfiler les pas correctement. Il est près de vingt-trois heures lorsque Bastien leur donne congé.

— Demain, midi pile, au studio, leur lance-t-il en débranchant les haut-parleurs.

— Tu rêves ! s'exclame Abiel, moqueur. Je vais être encore au lit, c'est sûr.

— Et tu rateras le gala, réplique Romane. Toi qui as répété *Ai se eu te pego* toute la semaine.

— *Aiiiii ! Aiiiiii, nananinana ! Aiiii aiiiii*, singe Jérémie en faux portugais.

— C'est pas grave de rater ce gala…, laisse alors tomber le petit Maxence, mis en danger pour la deuxième fois. Pas grave du tout.

Les concurrents sortent lentement de la salle d'entraînement.

— Il faudrait faire quelque chose pour lui, glisse Kathryn à l'oreille d'Émily. Il me fait de la peine. Pauvre Maxence.

— Ouais, t'as raison.

— Je l'entends pleurer le soir, fait Romane en les suivant jusqu'aux douches.

— Ah oui ?

— Ouais.

— Poche.

— Ouais.

— J'espère qu'il sera pas trop déçu demain, ajoute Romane.

— Tu dis ça comme si c'était sûr qu'il allait être éliminé ! s'insurge Émily.

— Ben, j'espère ! C'est moi, l'autre en danger, je te signale !

— Oups. Oui, c'est vrai ! répond Émily en se plaquant la main sur la bouche.

« Débilos épaisse ! »

Mais Romane rit.

— Faites pas cette tête-là, je suis *full* en paix avec ce qui se passe. C'est correct. Et puis, je vais me régaler en chantant *Titanium. You shoot me doooooown but I won't faaaaaaall...*

— Comment tu fais pour être si relax ? demande Kathryn, les yeux écarquillés.

— Ben. Je fais pas la une des journaux, comme Cherry Bomb ! déclare Romane en donnant un petit coup d'épaule à Émily. Alors, je tombe de moins haut. Tsé.

— T'es zen pour une tatouée, toi.

— Pffff.

— J'ai fait la couverture du journal seulement une fois ! se défend Émily.

— T'as aussi eu *Fun Fun*, rappelle Kathryn. Quand je pense que ma mère fait du *scrapbooking* avec tous les articles qui parlent de StarAc-Ado, même quand il y a pas mon nom dedans !

— Hahahahaha ! s'esclaffe Romane.

— Mon entrevue était DANS la revue *Fun Fun*, précise Émily. J'ai quand même pas fait la couverture de la revue !

— Ça va venir ! l'assure Kathryn. Avec *We Are Young* demain, tu vas encore rendre tout le monde fou dans la salle. C'est évident.

— Peut-être…, répond Émily en souriant malgré elle.

— J'adore ce numéro ! dit Romane. Il est beau.

— Même si tu es en robe longue ?

— Na na na, fait Romane en tirant la langue avant d'entrer dans une des cabines de douche, bientôt imitée par Kathryn.

Émily reste seule devant le miroir de la salle de bain. Elle sourit à son reflet en imaginant son visage sur la couverture de *Fun Fun*. Puis elle s'amuse à prendre quelques poses.

« Idiote ! » se dit-elle en cessant ses minauderies et en prenant sa brosse à dents. C'est alors qu'elle réalise qu'Amanda se tient dans l'embrasure de la porte.

« Crotte qui pue ! Elle m'a vue ? »

Mais Amanda se contente de sourire avant de s'engouffrer à son tour dans une cabine de douche en fredonnant la chanson de Gotye, la merveilleuse chanson qu'elle chantera demain et qu'elle dédiera probablement à un ancien amoureux imaginaire pour faire pleurer le public.

35.

— *Tonight we are young…*

Émily laisse couler sa voix dans toute l'assistance. Devant elle, les académiciennes semblent flotter dans leurs robes longues, alors que les garçons en smoking arpentent la scène, les mains dans les poches, faisant quelques pas de danse.

Le numéro est sublime et Émily le sait. Bastien a fait répéter les filles toute la semaine afin que le ballet soit époustouflant. La mise en scène de bal fait son effet. Et avec la voix d'Émily qui semble supplier, immobile au milieu de la danse, le tableau est à couper le souffle.

— On va faire quelque chose de théâtral, de grandiose ! a dit Madeleine. Un ballet !

— Un ballet ? a maugréé Nathan.

— Un ballet !!! s'est réjoui Abiel, dont les talents de danseur ne sont plus à prouver.

Drapée dans sa robe rouge au milieu de la scène, Émily sait que le public s'accroche à sa voix comme une branche suit le courant d'une rivière au printemps.

— *Let's set the world on fire…*

« Je vous tiens. »

La musique est si forte qu'Émily sent les pulsations de la guitare basse dans son plexus solaire. Les robes de ses compagnes forment des fleurs tourbillonnantes autour d'elle.

— *We are young…*

La chanson se termine sous un tonnerre d'applaudissements. Encore une fois, la foule se lève d'un bond.

« C'est gagné… »

Émily se nourrit de cet amour lancé à son visage comme une volée de roses. Elle inspire profondément en regardant la salle, avant de saluer, ce qui double l'ampleur des applaudissements. Puis elle s'enfuit vers les coulisses, le sang chaud, le rouge aux joues, le feu au cœur.

— Émily ! fait la voix de Barbery s'adressant au public.

Émily court dans le couloir en compagnie de Kathryn, de Romane et de Kumba dont les robes volent au vent. Elles se tiennent la main en chaîne, prêtes à s'envoler comme des outardes.

— Je capoooooooooooooote ! ! ! lâche Émily. Oh, mon Dieu, je capoooooooooooote ! ! !

— T'as vu ? dit Kumba en ouvrant la porte de leur loge. Ils disent juste « Émily », maintenant !

— Hein ?

— T'es devenue une star, *sister*. Une vraie ! Ils disent même plus ton nom de famille ! !

— Attention à vos robes, les filles, gronde l'habilleuse.

— Oh, pardon.

— Je capote, répète Émily, le souffle court. C'était... Oh, mon Dieu. GÉNIALISSIME ! Oh, j'adore l'Académie. J'ADORE L'ACADÉMIE ! ! ! hurle-t-elle.

— STARACADOOOOOOOO ! crient les filles en chœur tout en sautillant.

— Chut ! Vous êtes folles ou quoi ? explose Lee en faisant irruption dans la loge. On vous entend jusque dans la salle !

— Désolée, répond Émily en souriant. C'est trop de bonheur. Trop, c'est trop.

— Quand même... un peu de respect pour les autres, dit la directrice artistique avant de ressortir.

— Bof, c'est le tour d'Amanda après la pause, pouffe Kumba.

— Ouais.

— Mais je veux voir le numéro, fait Émily en se débarrassant de sa robe rouge en quatrième vitesse.

« Et je veux vérifier si elle aura autant de succès que moi », ajoute-t-elle mentalement.

Elle monte les marches à la volée jusqu'à l'écran des coulisses. Sur la scène, Amanda s'assoit sur le tabouret avec sa guitare sèche. Les applaudissements qui l'accueillent sont nourris. Avec son look de petite fille sage et ses minauderies, elle va jusqu'à faire un petit coucou de la main avec un rire gêné.

« Franchement ! »

Mais le public est conquis par son petit air de chaton égaré. D'autant plus que Madeleine Aubin accentue la chose en la privant d'un chœur comme accompagnement. Amanda, seule en scène, a l'air encore plus petite, plus vulnérable.

« Un petit chaton à adopter ! se surprend à penser Émily. Mais Lee sait très bien ce qu'elle fait. »

Elle doit reconnaître que les petits chatons sont très populaires.

— Je vais vous dire quelque chose que personne ne sait, chuchote Amanda dans le micro en rougissant.

« Elle est même capable de rougir sur commande ? ! Quelle plaie quelle plaie quelle plaie. »

— Toute la semaine j'ai répété ce numéro pour vous, poursuit la Plaie. Mais la vérité, c'est que…

« Que… ? »

Le public est pendu aux lèvres du petit chaton.

— La vérité, c'est que j'ai le cœur brisé, dit Amanda d'une petite voix sur le point de s'éteindre.

« Son bon vieux truc ! Son père est mort de nouveau ? Sa mère a une grosse écharde dans le pouce ? »

— Jérémie m'a larguée pour Émily, minaude Amanda en prenant le micro pour chanter *Somebody That I Used to Know*, de Gotye, alors que la foule applaudit très fort.

« Je vais la tuer », pense Émily en serrant les poings.

36.

Dans la voiture les menant au pensionnat, Jérémie rigole en dessinant avec son doigt sur les fenêtres embuées.

— Regarde, c'est madame Aubin, fait-il en pointant du doigt une petite bonne femme allumette avec de gros cheveux.

— Hum hum.

Émily regarde distraitement la main de Jérémie brouiller le dessin. Son regard s'attarde ensuite sur sa bouche, tandis qu'il tente de refaire de la buée en soufflant de l'air chaud sur la vitre.

« Mais qu'est-ce qui m'arrive ? »

Émily se frotte les yeux. Le dernier gala a consacré leur suprématie sur tous les autres candidats. Même le piège tendu par Amanda n'a pas porté ses fruits. Émily et Jérémie sont sollicités par toutes les publications. La revue

Fun Fun est même revenue à la Grande Maison uniquement pour Émily, et les entrevues téléphoniques se multiplient. Les journalistes ne la lâchent plus. Un article titrait même récemment, au-dessus d'une photo d'elle : « Émily cherche son père depuis des années ».

« Ridicule ! »

— Je pensais JAMAIS qu'ils écriraient ça ! s'est défendue Émily, au téléphone avec sa mère. J'en ai glissé un mot, mais vraiment pas longtemps ! Et tout l'article est là-dessus ! C'est débilos !

— Ça va ? demande Jérémie, la tirant de ses pensées.

— Ouais, ouais... Je suis fatiguée.

Émily se tourne vers sa propre fenêtre.

« Je veux pas être amoureuse de toi ! » se retient-elle de lui crier au visage.

Encastrée dans le banc devant elle, la petite caméra clignote. Émily sait que la scène se retrouvera sûrement sur le site de l'Académie.

« Chicane d'amoureux entre Émily et Jérémie... »

Émily va rarement sur le site et encore plus rarement sur son blogue. La dernière fois, les multiples allusions à son idylle avec Jérémie l'ont profondément agacée. Et maintenant...

— Regarde, j'ai dessiné Abiel.

Émily jette un coup d'œil et ne peut s'empêcher de rire. Sur la vitre, Jérémie a dessiné un bonhomme allumette à casquette.

— Drôle, dit-elle.

— Je t'ai fait rire, c'est déjà ça.

— Oui.

Émily fixe la caméra, puis baisse les yeux.

« Maudite caméra. »

Mais, dans un geste aussi soudain que brusque, Jérémie extirpe de sa poche un bout de ruban gommé qu'il plaque sur la lentille.

— Hé ! s'écrie Émily.

— J'en rêvais ! lance-t-il en riant. Pas toi ?

— Où t'as trouvé ça ?

— Je l'ai piqué dans le bureau de Barbery.

Les deux académiciens éclatent de rire.

— J'en peux plus, des fois, avoue Émily. Je trouve que…

— Chut, fait Jérémie en pointant les micros du doigt.

« Crotte, c'est vrai. »

La lentille est masquée. Mais les micros sont toujours ouverts.

— Ben, c'est quoi l'intérêt de boucher la caméra, alors ? demande-t-elle.

— De faire des grimaces ! répond-il en louchant exagérément. Ou de se fouiller dans le nez tranquille.

Émily éclate de rire. Jérémie la regarde en souriant.

— Ou alors…

« Oh oh. »

« Ne m'embrasse pas, s'il te plaît ! » pense-t-elle.

— Tu vas pas… heu… C'est pas pour… heu…, balbutie Émily en sentant son nez devenir une énorme framboise.

— T'embrasser ? articule Jérémie sans un son.

« Oh. Mon. Dieu ! »

— C'est ce que tu aimerais ? ajoute-t-il tout bas.

— NOOOON ! s'écrie Émily.

« Non ? »

— C'était pas mon but, Émily, dit doucement Jérémie. C'était juste pour souffler un peu. Pour avoir la paix quelques minutes avant le *buzz* de notre arrivée à l'école.

— Ah. Ouais.

« C'est tout ce que tu sais dire : ouais ? » se dit Émily qui a envie de se donner un coup de botte Hunter sur le front. Mais elle manque cruellement de flexibilité pour y arriver.

Jérémie sourit et retourne à ses dessins. Émily expire un bon coup. Leur arrivée à Saint-Preux se fait, comme d'habitude, sous les acclamations de badauds.

— Laissez-les passer. S'il vous plaît.

Comme dans un brouillard, Émily se fraie un chemin jusqu'à son casier, devant lequel Maud monte la garde comme chaque matin. Pendant une seconde, elle a envie de se sauver à toutes jambes. Mais Emma surgit de la masse d'élèves en hurlant.

— AS-TU VU LE NOUVEAU *FUN FUN*??? demande-t-elle en prenant Émily par les épaules.

« Oh ! Mon ! Dieu !? »

— Non ! répond Émily. Oh, mon Dieu ! Emma, je l'ai pas vu encore !!!!

« Ça y est. Je fais la couverture de *Fun Fun*. »

Émily sent tout son corps fourmiller.

« Pas vrai ?!!! AUJOURD'HUI DANS *FUN FUN*, ÉMILY DE STARACADO !!! »

— Tu l'as pas vu encore ? répète Emma. Tu… tu…

— Non, pourquoi ? C'est moi dessus ? Hein ? C'est ça ? dit Émily qui ne remarque pas qu'Emma est toute blême.

— Non, répond Emma. C'est pas toi qui es dessus.

— Je comprends pas…, commence Émily. Qui est sur la couverture ?

Et la voix d'Emma répond, aussi froide qu'un couteau :

— C'est ton père.

Je tiens à remercier chaleureusement chacun et chacune d'entre vous qui prenez le temps de m'écrire des petits mots, chacun et chacune qui venez me voir dans les salons du livre, chacun et chacune qui me saluez au passage dans la rue ou sur Facebook, qui commentez le dernier livre que vous avez lu, le dernier film qui vous a plu. Vous êtes la source première de mon enthousiasme d'auteure et ma reconnaissance envers vous n'a aucune limite. Merci d'ensoleiller à ce point ma vie d'adulte.

Un merci spécial à Michel Brûlé pour la confiance renouvelée, le soutien et la compréhension. Merci à Marie-Noëlle, mon exigeante éditrice qui parvient à débusquer des failles d'écriture dans la tonne de miel. C'est moi qui ai la meilleure éditrice. Je le sais. Merci.

Merci à l'équipe des communications des Intouchables, Géraldine et Dominique, merci à l'équipe dynamique des salons du livre. Un merci chaleureux à Élyse-Andrée et Patricia sans qui mes dialogues seraient beaucoup moins savoureux.

Un merci particulier à Murielle Flynn pour l'appui indéfectible.

Enfin, merci à Marie-Christine Lavallée pour les relectures toujours éclairées.

MARQUIS
Marquis imprimeur inc.
Québec, Canada
2012